KiWi Paperback

Über das Buch

Eine Theorie ging um die Welt und siegte auf ganzer Linie: Männer wohnen auf dem Mars, Frauen auf der Venus. Und dazwischen liegt der unendliche Weltraum voller fliegender Tellerminen. Der binäre Code der menschlichen Rasse – für Ethnologen ein faszinierendes Feld. Und so hat sich der mit allen Wassern gewaschene Experte für Geschlechtsunterschiede, der Münchner Autor Claudius Seidl, an die Arbeit des Beobachtens und Sortierens gemacht:

– Männer lieben Technik. Frauen hassen sie.

– Männer schweigen. Frauen sprechen.

– Männer gehen aus. Frauen lieber nicht.

– Männer können sich nicht anziehen. Frauen können es nicht fassen.

– Männer trinken gern. Frauen hassen betrunkene Männer.

Deprimierend findet der eine Leser diese Ergebnisse, beruhigend oder sogar hocherfreulich vielleicht der andere, aber Claudius Seidl bleibt nicht bei der Beobachtung und Analyse stehen, er stellt in fünfundzwanzig hochamüsanten Geschichten und Kolumnen, die z. T. im Magazin der *Süddeutschen Zeitung* veröffentlicht wurden und heftige Liebhaber hatten, immer wieder die entscheidende Frage:

Muss das so sein?

Und damit die abstrakten Gedanken am konkreten Leben überprüfbar werden, sind zwischen diese Untersuchungen kleine Geschichten gestreut: Szenen einer modernen Ehe …

Der Autor

Claudius Seidl, geb. 1959 in Würzburg, Studierte in München. In den 80er Jahren freiberuflich vor allem als Filmkritiker tätig; in den frühen 90ern als Kulturredakteur beim »Spiegel«; seit 1996 Kulturredakteur bei der »Süddeutschen Zeitung«. Bücher übers deutsche Kino der 50er Jahre, über Billy Wilder, Uschi Obermaier und das Erwachsensein.

Illustrationen von Ayşe Romey

Claudius Seidl

Männer essen Fleisch, Frauen essen Gemüse

27 ungeklärte Fragen zwischen Männern und Frauen

Mit einem Vorwort
von Rebecca Casati

Kiepenheuer & Witsch

2. Auflage 2000

© 2000 by Verlag Kiepenheuer & Witsch, Köln
Alle Rechte vorbehalten. Kein Teil dieses Werkes darf
in irgendeiner Form (durch Fotografie, Mikrofilm oder
ein anderes Verfahren) ohne schriftliche Genehmigung des
Verlages reproduziert oder unter Verwendung elektronischer
Systeme verarbeitet, vervielfältigt oder verbreitet werden.
Umschlaggestaltung: Ayşe Romey, München
Illustrationen, Umschlag und Innenteil: Ayşe Romey, München
Repro: repro acht, Köln
Gesetzt aus der Times und FF MetaPlus
Satz: Greiner & Reichel, Köln
Druck- und Bindearbeiten: Clausen & Bosse, Leck
ISBN 3-462-02955-X

Inhalt

Vorwort von Rebecca Casati

Hier haben wir ein Buch von einem Mann. Es handelt davon, dass die Frauen ihm das Leben so schwer machen, dass er ein Buch darüber schreiben musste. Kann man so ein Buch trotzdem richtig verstehen, wenn man eine Frau ist? Oder langweilt man sich?

Ja, kann man. Nein, tut man nicht.

Was ist der Grundgedanke dieses Buches? Dass es zwischen Männern und Frauen keine Verständigung geben kann. Stimmt das so? Nein. Stimmt nicht.

Wäre auch zu traurig. Und dieses Buch, es ist nicht traurig. Es ist mehr als nur eine Verständigung darüber, dass es keine Verständigung gibt.

Viele Männer wissen es vielleicht immer noch nicht, aber es ist eine Ignoranz zu sagen: Die Frau ist ein ewiges Rätsel. Auch Seidl bezeichnet sie hier und da so. Aber er weiß es besser. Er hat sich in die Frauen hineinversetzt. Er zitiert sie richtig. Die Frauen wissen, dass er sie versteht. Das Verständnis – ist da.

Aber – dann – passiert nichts. Das ist es, was Frauen rasend macht: Das Unvermögen zu begreifen, warum sie zum hundertsten Mal im Auto: »Ras nicht so!« sagen müssen. Ab dem dritten Mal haben sie das doch schon nicht mehr verstanden.

Der Charme, die Nicht-Langeweile besteht darin, dass man in diesem Buch mehr über Frauen erfährt als über die Männer. Sie sind klug. Vielleicht, das würde er wohl selber jederzeit vorausschicken, klüger als Seidl.

Sie sind lustig. Vielleicht, da würde er erst bedenklich mit dem Kopf wiegen, um schließlich »Ja, doch!« zu sagen: genauso lustig wie Seidl. Sie sind ziemlich streng und nicht leicht an der Nase herumzuführen, denn ihre Bekanntschaft, ihre Perspektive veranlassen den Autor, sich zu sorgen: »Sind wir Männer Würstchen? Weihnachtsmänner? Zahnlose Wölfe, vielleicht?«

Vielleicht bedeutet das ja, ein Mann ist immer so schlau und lustig, wie die Frauen, mit denen er zu tun hatte. Frauen, weiß Seidl jedenfalls, können in den Augenringen der Männer lesen. Männer lesen in der weiblichen Achselhöhle nur ihr eigenes Begehren. Männer, so hat es Seidl von den Frauen gehört, so stellt er es zur Debatte, sind großzügige Trottel, können nicht mit Geld umgehen und lassen sich von den Frauen ruinieren. Sie schweigen. Dann reden sie nicht. Dann schweigen sie wieder. Sie sind auch in jungen Jahren vergesslich und fahrig und lassen das Fleisch im Schuhschrank und den Joghurt im Kühlschrank verfaulen. Warum sie so schwerfällig und langsam sind? Na, kein Wunder; sie bestehen aus Schweinefleisch. Aus Knödeln. Und einem Bierbauch. Sie sind insgesamt größer als die Frauen, geben also ein besseres Ziel ab für Wurfgeschosse und Mücken. Dabei wären sie viel praktischer als Instant-Männer, als Pulver, das in ein Einmachglas passt und das man je nach Bedarf mal mehr, mal weniger verdünnen kann. (Gerade in dieser Passage versetzt sich Seidl einmal mehr in die Frauen, denn diese Idee – könnte sie nicht von Gaby Hauptmann stammen?)

Wie wehrt sich so jemand, so eine Nicht-Frau, gegen eloquente geschmeidige Wesen, die Nicht-Männer, die »ganz bei sich sind«? Das mag hier gerade, so hintereinander und in dieser Häufung, verdächtig nach männlichem Selbstmitleid klingen, nach dem Anführer aller Würstchen und Weihnachtsmänner, nach einem, der sich im Kleiderschrank versteckte, wenn eine »Buh« machte: nach Heinz Rühmann. Doch wenn man weiterliest, so merkt man: So machtlos sind die Männer, wie Seidls Frauen sie sehen, wie Seidl sie anschließend beschreibt, nicht. Ein paar Strategien haben sie glücklicherweise: Gegenstände schmeißen. Brüllen. Knurren. Der Nachteil: Alle diese Strategien sind einmal durchschaut. Ja, sogar lächerlich.

Die einzige wirklich effektive und dann auch gleich sehr perfide Waffe dieser, vielleicht aller, Männer lautet: Eskapismus. Die Flucht. Der Rückzug. Die – Achtung, ekliges Wort! – »Kneipe«. Nicht die, wo nur Männer reinkommen und stumpf an Stammtischen herumsumpfen; nee. Die, wo andere Frauen in kurzen Röcken auf- und abwippen. Denen man hinterhergucken kann, als kleiner, trotziger Widerstand. Da, wo man mit den Freunden wissende (nichtberedte!) Blicke austauschen kann: Wir könnten alle Frauen haben. Wenn nur die Frauen nicht wären … Damit Sie jetzt nichts missverstehen: nicht in der Kneipe, in der Gedankenwelt – da befindet sich die Trutzburg der Männer, in die die Nicht-Männer nicht, niemals eindringen können. Auch nicht, wenn sie bis an die Zähne bewaffnet sind, ihr Timing perfekt ist, wenn sie schmeicheln oder schreien? Nein. NIEMALS. Davon, nicht über »warm vs. kalt«, »Steak vs. Gemüse« oder »groß vs. klein« handelt der Kampf zwischen diesen beiden. Seidl hat, so scheint es, sich nicht die leichtesten Frauen-Exemplare herausgesucht, um sich selber, den Mann zu verstehen. Aber er hat sich ein paar gute Helfer dazugeholt, um nicht daran zu verzweifeln. Zeugen. So wie den Frauen-fan Frank Sinatra oder den Frauenfeind Friedrich Nietzsche. Dean Martin. Oder ganz einfach: die Män-nergetränke Whisky und Bier. Die alle sprechen eine Sprache, die Männer erleichtert. Und die Weisheit der Frauen kurzerhand außer Gefecht setzt. Frauen finden es romantisch, wenn Dean Martin den Mond mit der Liebe und einer Pizza gleichsetzt. Und Sinatra und Nietzsche haben immerhin bewiesen: Man kann un-gestraft allen Klischees über Männer entsprechen. Man kann schweigen und kommt damit durch. Solange man nur eine schöne Stimme hat.

Männer lieben die Technik.
Frauen hassen sie.

Wenn uns Gott nur endlich seine Nummer verriete, würden wir sofort eine Standleitung schalten – und dann könnten endlich die Verhandlungen beginnen: darüber, ob wir das Universum gelegentlich auseinandernehmen, die Einzelteile reinigen und die ganze Sache neu zusammenschrauben sollten.

So fand der Mann zu Gott: Er sah, dass Sonne, Mond und ein paar andere Dinge sich bewegten, obwohl da nirgendwo ein Esel war oder ein Flaschenzug, der die ganze Sache angeschoben hätte. Anscheinend gab es also einen Großen Ingenieur, dessen Technik weiter fortgeschritten war. Und so wie jenes höhere Wesen wollten auch die Männer einmal werden: Technik und Religion – das ist für den Mann dasselbe. In seiner Bohrmaschine offenbart sich schon der Bauplan der Welt, der Sinn des ganzen Lebens.

Was offenbart sich aber den Frauen bei der Lektüre einer Bedienungsanleitung? Nichts, was aber auch nichts macht: Frauen sind selbst das größte Rätsel, sie können die Rätselhaftigkeit der Welt ertragen. Sie haben keine Angst vor Spülmaschinen, und ihre Limousinen steuern sie mit Umsicht und Verstand. Aber Frauen lieben ihre Autos nicht, und die Mysterien des Achtzylinders sind ihnen ganz egal. Frauen lieben sich selbst, wofür sie gute Gründe haben. Und dann, wenn er sich gut benimmt, lieben sie vielleicht noch einen Mann.

Wäre der Mann so perfekt wie ein Achtzylindermotor, dann könnte auch er sich selbst lieben. Aber Männer funktionieren nicht perfekt, selbst wenn man sie täglich ölt – deshalb haben sie die Prothesen erfunden, die Brille, Viagra, den Herzschrittmacher. Und wenn ein erwachsener Mann in seinen Spiegel guckt, findet er sich selbst in einem Zustand vor, für den er, wenn es um Autos ginge, nur ein Wort wüsste: Pfusch. »I want to be a machine«, sang einst die Männerband Ultravox. Autos wären die besseren Männer. Ich möchte ein Porsche sein.

Deshalb beten die Männer außer Gott auch die Frauen an: weil die mit sich selber einverstanden sind. Und dafür hassen Frauen die Technik: Sie erinnert sie an ihre Männer. Eine kaputte Geschirrspülmaschine ist lästig, ein kaputter Mann erst recht.

In der Zukunft wird es noch immer zwei Geschlechter geben, aber trotzdem keine Männer mehr. Die Frauen werden bleiben, wie sie sind; die Nachfolger der Männer aber werden dann elektrisch funktionieren und im wesentlichen aus Kunststoff bestehen, aus Einzelteilen, die ganz einfach auszuwechseln sind. Und wenn so ein elektrischer Mann zu viele Pannen hat, dann wird er eben entsorgt.

Muss es so kommen? Ja. Es sei denn, die Frauen überwänden ihre Abscheu vor der Technik. Sie müssten ja nur einen Schraubenzieher holen und dann ihre Männer auseinanderschrauben, die Teile reinigen und alles neu und besser zusammensetzen.

Männer kriegen Bäuche.
Frauen hassen Bäuche.

Die Biologen lehren uns, dass auch Männer sexuelle Wesen seien – doch je männlicher sich ein Mann benimmt, desto deutlicher offenbart sich ihm und der Welt, dass Männer zur ungeschlechtlichen Vermehrung tendieren. Ein Mann ist männlich, wenn er trinkt und fernsieht und im Restaurant nie Salat bestellt: Deshalb wächst ihm aus seiner Körpermitte im Laufe der Jahre eine Kugel aus Fett, die sich dann zwischen ihn und den Rest der Wirklichkeit schiebt. Der Bauch gehört nicht mehr ganz zum Mann und doch nicht nur zur Welt: So vermehren wir uns, so erweitern wir unsere Grenzen.
Ein Bauch ist nicht schön: Das weiß auch der dickste aller Männer. Der Bauch ist aber wirklich: Man kommt an ihm nur schwer vorbei. Was ist der Bauch, wo kommt er her? Vom Bier, vom Fernsehen, vom fetten Fleisch: Sagen unsere Frauen jedenfalls. Wo kommt aber unser Durst her, unser Hunger, unsere kugelförmige Männlichkeit?
Wer auch immer den Mann erschaffen hat: Der hat ihn nicht zum Herrscher seines Körpers gemacht, sondern zu dessen Knecht. Wir wissen das seit unserer Pubertät, seit jenem bitteren Moment der Entfremdung, da wir entdeckten, dass es da unten etwas gibt, das wächst und wieder schrumpft und unserem Willen nur bedingt gehorcht. Mit dem Bauch (der aber selten schrumpft) ist es so ähnlich. Mein Bauch gehört nicht mir.

Die Frauen gehören ganz sich selbst: Wo Speck ist, wird er wegtrainiert. Wo Durst ist, muss Mineralwasser her. Wo Salat und Gymnastik nicht mehr helfen, kann der Chirurg die Arbeit tun.

Männer sind gutgläubige Wesen. Sie wollen glauben, dass Gott den Mann geschaffen hat – und wenn der Mann sich fremd in seinem Körper fühlt: Dann spürt er zugleich seine existentielle Fremdheit der ganzen Schöpfung gegenüber.

Frauen sind klüger und lebensnäher: Sie erschaffen sich selbst, und die Außengrenzen ihres Werkes markieren und befestigen sie mit Make-up, Lippenstift und Wimperntusche.

Vor sehr langer Zeit haben die Menschen geglaubt, dass Mann und Frau nur die beiden Hälften eines einzigen Lebewesens seien, eines schönen Tieres mit vier Beinen und zwei Köpfen. An den Bäuchen merken wir, dass Mann und Frau nicht zusammenpassen. Frauen hassen Bäuche, sagen sie. Aber manchmal denken sie bei sich: nicht schlecht so ein Bauch. Der hält den Rest des Mannes auf Distanz. Männer hassen ihre Bäuche wie sich selbst.

Ehekrach. Erste Folge

Ich kam nach Hause, und Charlotte sagte nichts. Sonst sagt sie immer was. Sie sagt »Huhu«, wenn sie sehr gute Laune hat, und wenn ich sie dann küssen will, sagt sie: »Geh weg, du stinkst nach Zigaretten! Putz dir die Zähne, hör endlich mit dem Rauchen auf!« Manchmal höre ich sie sagen: »Wirf das Arschloch einfach raus. Erst ihn, und dann seine Sachen. Zum Fenster raus mit dem ganzen Mist!« In solchen Momenten diskutiert sie am Telefon mit einer Freundin über deren Krach. Und ich höre ein bisschen zu und denke mir: Wie gut, dass ich nicht der Freund ihrer Freundin bin.

Charlotte sagte nichts. Sie kam mir im Flur entgegen, und ich sagte: »Tut mir leid. Es ist spät geworden. Es ging nicht anders.« Sie ging an mir vorbei und ließ dabei ihre Augenlider ganz nach unten fallen. Ihr Blick sagte: Armer Irrer. Sonst sagte sie nichts.

»Was ist?«, fragte ich. Sie verschwand in ihrem Zimmer und schloss die Tür ab. Ich rief ihr nach: »Na und!«

Ich ging in die Küche, holte ein Bier aus dem Kühlschrank und machte mir ein Käsebrot. Ich war beim vierten Käsebrot, als sie hereinkam und sich ein Glas Wasser einschenkte. Ich fragte freundlich: »Hast du ein Gelübde abgelegt?« Sie hörte mich nicht. Sie sah mich nicht. Sie sah nur mein Bier, das fast leer war. Dann ging sie aus der Küche. Sie sah dabei sehr schön aus.

Ich warf ihr ein Stück Emmentaler hinterher und brüllte: »Sprich mit mir!« Ich stand auf und riss dabei die Bierflasche mit, die auf dem Boden zerbrach. Ich rannte zu ihrem Zimmer, das schon wieder verschlossen war, und hämmerte mit den Fäusten gegen die Tür. »Das ist nicht fair. Das ist hier kein Stummfilm.«

Ich trommelte an ihre Tür, bis mir die Hand wehtat. Dann ging ich in die Küche, sammelte die Scherben auf und wischte die Sauerei vom Boden. Ich schlief auf dem Sofa, und Charlotte erschien mir im Traum. Sie sagte: »Du schnarchst!« Sie sagte: »Du stinkst!« Sie biss mich in die Backe. Ich wachte lächelnd auf und schlich mich zu ihrem Bett. Vermutlich sprach sie zu mir im Schlaf.

Sie schwieg aber.

Sie schwieg auch am nächsten Tag und am übernächsten; eine ganze Woche lang sprach sie nicht mit mir. Manchmal warf ich mit Dingen nach ihr, manchmal trommelte ich an ihre Tür. Ich schlief auf dem Sofa, und Charlotte erschien mir jede Nacht … Sie hatte schwarze Lippen und eine weiße Haut. Sie bewegte die Lippen, aber ich hörte nichts. Es gab keinen Ton in meinen Träumen, und es gab auch keine Zwischentitel.

Ich ging in einen Spielzeugladen und kaufte eine Wasserpistole. Ich zog mir einen Strumpf übers Gesicht, und in der Mittagspause überfiel ich sie. Ich sagte: »Du jetzt sprech! Du gestehe! Sonst verkaufe nach Puff in Packistaan!«

Sie musste nicht mal grinsen. Sie fragte: »Wann wirst du erwachsen?«

Ich fragte: »Warum hast du nicht mit mir geredet?«

»Warum sollte ich? Du brüllst. Du wirfst mit Käse nach mir. Warum tust du das?«

Ich sagte gar nichts.

»Du zertrümmerst unsere Wohnungseinrichtung.«

Ich schwieg.

»Ich verzeihe dir. Aber könntest du jetzt vielleicht auch mal was sagen?«

Männer trinken gern.
Frauen hassen betrunkene Männer.

Wir Männer waren auch schon Männer, als wir noch Affen waren und in den Bäumen wohnten – und wenn es damals nach uns gegangen wäre, dann wären wir niemals hinuntergestiegen. Es muss sehr schön gewesen sein, dort oben in den Ästen, wo wir dem Himmel näher waren; und wenn es schwankte unter unseren Füßen, dann spürten wir, dass unsere Zukunft in den Lüften lag. Es waren die Frauen, die als erste hinabgestiegen sind auf den Boden der Tatsachen, wofür sie vielleicht gute Gründe hatten. Es lebt sich ordentlicher hier unten, die Kinder können nicht hinunterfallen, wenn sie das Fliegen üben; man hat die Hände frei, um bleibende Werte zu schaffen, wovon man abends müde ist und sehr gut schlafen kann.

So scheint es jedenfalls den Frauen zu gehen. Die Männer liegen lange wach, sie werden ihre Sehnsucht nach den Lüften nicht los – und wenn sie schon nicht zurück auf die Bäume dürfen, wollen sie wenigstens spüren, dass die Erde sich dreht. Also trinken sie, drei Halbe Bier vielleicht oder ein paar Gläser Whisky, und ihre Frauen schauen dabei zu und ekeln sich: Sind unsere Männer wirklich so unglücklich, sind sie so schwach, so haltlos, dass sie ihr Leben nicht ertragen und nachts betrunken in die Betten fallen, aus dem Mund nach Alkohol riechen und später so laut schnarchen, dass die Frauen sich erschrecken? So fragen sich die Frauen, die, selbst wenn

sie sich ab und zu ein Glas Champagner gönnen, das Wesen des Trinkens nicht verstanden haben.

Männer wollen gar nicht betrunken sein. Männer hassen Männer, die lallen oder sabbern und ihr kleines dummes Selbstmitleid nicht für sich behalten können – und wenn es uns immer wieder schwerfällt, nach drei Gläsern Whisky das Wort »Idiosynkrasie« noch fehlerfrei auszusprechen, dann ist das eher ein Missgeschick als das Ziel unseres Trinkens.

»Ein Mann«, hat einst der Trinker Dean Martin gesagt, »ist nicht betrunken, solange er noch am Boden liegen kann, ohne sich dabei festhalten zu müssen.« Vielleicht hat Dean Martin übertrieben. Vielleicht hat er einfach nur recht: Männer trinken nicht, um betrunken zu werden. Männer trinken, um nicht mehr nüchtern zu sein. Es geht um diesen kurzen Moment des Glücks. Es geht um diesen Zustand, da der Boden der Tatsachen zu schwingen beginnt wie einst der Ast des Baumes, auf dem wir wohnten – und plötzlich meinen wir dem Himmel der Möglichkeiten etwas näher zu sein als der Hölle der bestehenden Verhältnisse.

Warum die Frauen uns so selten dahin begleiten wollen? Keine Ahnung. Die amerikanische Schriftstellerin Camille Paglia hat es einmal damit begründet, wie die Getränke aus unseren Körpern wieder ausgeschieden werden. Frauen, sagt sie, düngen den Boden unter ihren Füßen. Männer schaffen einen Bogen der Transzendenz. Vor allem dann, wenn sie so viel Bier getrunken haben, dass sie das Wörtchen »Transzendenz« gar nicht mehr buchstabieren können.

Männer schweigen.
Frauen sprechen.

Die Geschichte unserer Schweigsamkeit hat schon vor langer Zeit begonnen, vor Hunderttausenden von Jahren, als unsere Vorfahren nach dem Rad und dem Bier auch den Kinnhaken entdeckten. Einer saß vor seiner Hütte, er grunzte laut, weil er sich so behaglich fühlte, und dann ließ er seinen Mund weit offen stehen, um die Zähne zu lüften, und weil der Unterkiefer vom Kauen des vielen rohen Fleisches jetzt Entspannung brauchte. Und dann kam ein anderer Mann, grunzte böse (womit er sagen wollte: Finger weg von meiner Frau!) und haute seine Faust aufs Kinn des Gegners. Der Unterkiefer schmerzte tagelang, und der Mann beschloss, seinen Mund nie wieder offenstehen zu lassen.
Es können also gar nicht die Männer gewesen sein, die das Reden erfunden haben – aber warum haben die Frauen irgendwann zu sprechen begonnen? Es war wohl so, dass der Mann seine neue Erfindung, das Rad, mal testen wollte, zu diesem Zweck ein paar Bretter zwischen vier Räder nagelte und die Frau auf den Wagen hob. Dann ging es einen Abhang hinunter, und die Frau begann sich zu fürchten, und dann formten ihre Stimmbänder den ersten Satz der Menschheitsgeschichte: »Fahr nicht so schnell!«
Fahr nicht so schnell! Das ist der Satz, auf den sich alle Kommunikation zwischen Männern und Frauen zurückführen lässt – und wenn Männer darauf nichts antwor-

ten wollen, liegt es nicht bloß am Fahrtwind, der kalt in den Mund hineinweht: Denn natürlich ist damals der Wagen umgefallen, und der Kopf des Mannes ist gegen einen Baum geknallt, wonach er schon hätte merken können, dass Frauen immer recht haben, wenn er nicht sofort in eine Ohnmacht gefallen wäre.

Männer werden häufiger ohnmächtig, als Frauen das merken. Männer spüren, wenn Frauen sprechen, manchmal eine Ohnmacht, obwohl sie Augen und Ohren geöffnet halten – aber statt Sternchen sehen sie Sprechblasen wie im Comic-strip: Fahr nicht so schnell!

Menschen sollten zum Reden nicht den Mund aufmachen. Besser wäre es, wenn ihre Meinungen schriftlich in kleinen weißen Blasen über den Köpfen schweben würden. Dann könnte man diese Sätze lesen und darüber nachdenken, und bei einem schwierigen Wort wie Idiosynkrasie könnte man im Lexikon nachgucken, bevor man antworten müsste.

Warum schweigen Männer? Weil sie nicht sprechen können. Früher sagte man nach dem Aufwachen: Mir hat geträumt. So ist das auch mit der Sprache: Mir hat gesprochen, müssten die Männer sagen, wenn sie was sagen wollten: Nicht wir formen unsere Sätze; die Sätze formen uns, wenn wir sprechen. Also schweigen wir. Und drücken noch mal aufs Gaspedal, das sich viel besser beherrschen lässt als die Sprache.

Warum sagen die Frauen »Fahr nicht so schnell!« und meinen das auch so und spüren gar keine Fremdheit zwischen sich und ihren Sätzen? Keine Ahnung. Und absolut keine Lust, darüber zu sprechen.

27

Männer gehen aus.
Frauen lieber nicht.

Ein Mann, auch wenn er sich sehr männlich fühlt, ist doch nicht durch und durch und überall ein Mann: An unseren Zähnen, unseren Ohren, unseren Füßen und den paar Haaren an den Beinen kann man uns kaum als Männer erkennen. Und jene unter uns, die abends mindestens sieben Biere trinken, damit sie in der Nacht gut schlafen können: Die gucken eines Tages in den Spiegel und sehen, dass ihnen kleine, weiche Brüste wachsen.

Wo ist der Sitz der Männlichkeit? In den Testikeln, glauben altmodische Männer. Nur im Kopf, in den Gedanken, sagen Feministinnen. Die Empirie führt aber zu einem ganz anderen Schluss. Den Sitz der Männlichkeit finden wir, vor allem abends, im Café, in der Bar, auf jeden Fall weit weg von der eigenen Wohnung und der eigenen Frau.

Wenn Männer jung sind, gehen sie mit ihren Freunden aus und schauen den Frauen nach. Wenn sie endlich eine gefunden haben, gehen sie trotzdem mit ihren Freunden aus. Wonach schauen sie?

Wenn Frauen klug sind, wollen sie einen Mann, der von draußen, aus der Welt kommt und ein paar gute Geschichten mitgebracht hat: Die Stubenhocker hassen sie. Aber wenn der Mann abends sagt, dass er raus muss in die Welt, ein paar gute Geschichten sammeln, dann schimpfen die Frauen: Warum bleibst du nicht zu Hause und redest mit mir?

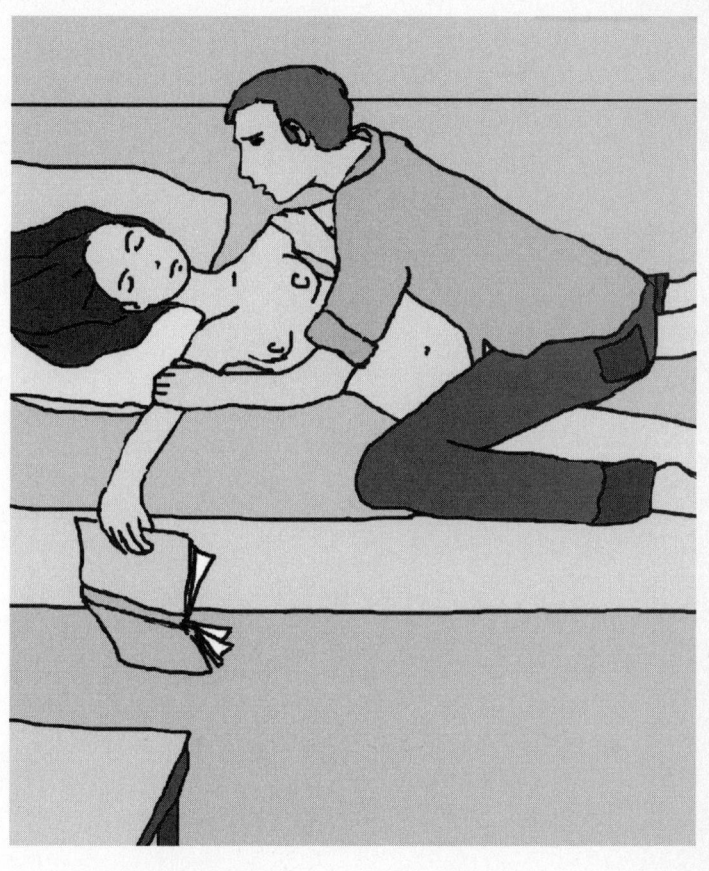

Die Männer sagen: Wir müssen raus aus den warmen Wohnungen, in die Nacht, an die Luft, wo ein frischer Wind bläst und unsere Testikel kühlt. Warme Hoden schwächen den Mann und mindern seine Zeugungsfähigkeit.

Die Frauen antworten: Alles Quatsch. Ihr setzt euch in die warmen Lokale, was auch nicht besser ist für eure Männlichkeit, und schaut den Mädchen hinterher. Ihr glaubt, ihr seid Jäger oder Sammler. Ihr lügt euch etwas vor.

Sollten Männer besser zu Hause bleiben? Dean Martin, unser Experte für alle Fragen der Männlichkeit, hat es einmal versucht. Er redete mit seiner Frau, und dann kamen Gäste, und um elf Uhr kam die Polizei und schickte alle nach Hause, weil irgendwer sich beschwert hatte über den Lärm.

Dean Martin hatte sich beschwert. Er saß im Schlafzimmer und telephonierte mit den Cops. Er wollte seine Ruhe haben.

So sieht es aus. Wenn Männer zu Hause bleiben, müssen sie reden. Wenn sie ausgehen, dürfen sie schweigen und gucken. Männer müssen sehr viel schweigen. Sie brauchen die Zeit, um darüber nachzudenken, wo jetzt wirklich ihre Männlichkeit sitzt.

Ehekrach. Zweite Folge

Es war kurz nach halb acht, draußen wurden mit viel Lärm die Mülltonnen geleert, und Charlotte saß am Küchentisch und rührte ihren Joghurt um. Ich fragte nicht, warum sie da rührte, obwohl man einen Joghurt nicht umrühren muss. Ich stelle morgens niemals komplizierte Fragen. Sie mag das nicht, und ich kann es eigentlich auch nicht ausstehen, wenn die tiefen Gespräche schon beim Frühstück beginnen.

»Guten Morgen«, sagte ich, »hast du gut geschlafen?«

Charlotte rührte weiter. Sie sagte nichts, sie aß nichts. Ich goss mir Kaffee ein und fing an, in meinem Joghurt herumzurühren. »Wovon hast du heute nacht geträumt?«, fragte sie.

»Keine Ahnung. Ich habe gar nichts geträumt.«

»Jeder träumt«, sagte sie. »Aber manche wissen, warum sie sich nicht daran erinnern wollen.«

Ich wollte nicht darüber sprechen, nicht jetzt jedenfalls. Ich hatte zehn Minuten für meinen Kaffee und das Joghurt, dann eine Viertelstunde fürs Bad. Dann musste ich mich anziehen und gehen. »Ich habe beim Einschlafen an meine Arbeit gedacht, und ich glaube, als ich aufgewacht bin, habe ich auch an die Arbeit gedacht. In der Nacht bin ich mal aufgewacht; da ging mir auch die Arbeit durch den Kopf. Vermutlich habe ich im Traum einfach weitergearbeitet. Das kann ich dir nachher sagen, vom Büro aus. Wenn alles erledigt ist, kann ich es nur heute nacht erledigt haben.«

Charlotte sagte: »Immer lässt du mich allein. Sogar in deinen Träumen vernachlässigst du mich. Wieso willst du nie wissen, was ich geträumt habe?«

»Was hast du geträumt?« Ich musste ins Bad.

»Ich habe von dir geträumt. Hast du das nicht gemerkt?«

Ich war wirklich sehr spät dran. Ich sagte: »Das ist nett von dir.« Ich stand auf.

Charlotte sagte: »Ein Scheißtraum war das. Du hattest lächerliche Cowboystiefel an und ein dickes Beil in der Hand. Wir haben in einem schönen großen Haus gewohnt, und du hast alles kurz und klein geschlagen. Die gesamte Einrichtung. Dazu hast du saublöd gegrinst. Du hattest einen riesigen Kopf und ein Grinsen, so breit wie ein Schreibtisch.«

»Scheißtraum« sagte ich.

»Du warst wirklich widerlich. Richtig gewalttätig. Und dann dieses Grinsen dazu. Das Grinsen, das war das Allerletzte. Ich kann es nicht fassen, wie einer so saublöd grinsen kann.«

Ich musste ins Bad. »Es war ein Traum.«

»Na und. Willst du der Mann meiner Träume sein?«

Ich musste ins Bad.

»Ich kann natürlich auch anfangen, von anderen Männern zu träumen.«

»Wieso?« Ich verstand sie nicht.

»Träume sind überhaupt das Wichtigste. Männer träumen, Frauen träumen, da haben sie wenigstens was gemeinsam. Tagsüber sehen wir uns nicht, weil wir arbeiten. Abends sind wir zusammen, und jeder erzählt von seiner Arbeit. Das ist sowieso das Letzte. Aber die meiste Zeit, die wir überhaupt zusammen sind, liegen wir im Bett. Findest du nicht, dass zwei, die im selben Bett liegen, auch voneinander träumen sollten? Ich finde, alles andere ist Ehebruch. Und hast du etwa geträumt von mir? Oder hast du mich betrogen?«

Ich holte mir noch einen Joghurt aus dem Kühlschrank und rührte ihn um.

»Ich träume wenigstens von dir. Und du, was machst du? Du schlägst alles kurz und klein. Ich weiß nicht, ob ich nochmal von dir träumen will.«

Charlotte fing an, ihren Joghurt zu essen. Es schmeckte ihr. Sie sagte nichts mehr. Sie hasst komplizierte Gespräche am frühen Morgen.

Ich rief im Büro an und entschuldigte mich: »Ich komme später. Ich habe schlecht geträumt.«

Männer können sich nicht anziehen.
Frauen können es nicht fassen.

Wenn Männer das wären, was Männer gern wären, dann würden sie keine Kleider tragen. Nackt und auf allen vieren trabten sie durch die Wüsten der Welt, und wenn sie einem Weibchen begegneten, dann stellten sie sich auf die Hinterpfoten. Nackt kämpften sie um Frauen und Karrieren, und meistens würde der gewinnen, der lauter brüllte und dessen Fell am schönsten glänzte. Denn der Mann, wenn er in sich hineinlauscht, hört tief da drinnen ein Raubtier knurren. »Ihr habt den Weg vom Wurm zum Menschen gemacht, und vieles ist in euch noch Wurm.« So hat Nietzsche unsere Herkunft beschrieben. Männer sagen lieber: Vieles in uns ist noch Löwe. Oder Leopard. Denn bei diesen Tieren sahen die Männchen besser als die Weibchen aus. Was, wie wir wissen, im Lauf der Evolution ganz anders wurde. Aber kaum war der Mann, dieses hässliche Tier, klug genug, sich einen Speer zu basteln, da ging er auf die Raubtiere los, zog denen ihre Felle ab und verkleidete sich als Leopard. Als wir anfingen, uns anzuziehen, begann die Geschichte unserer Lächerlichkeit.

Frauen sind niemals lächerlich. Das liegt daran, dass Frauen immer Frauen sind – egal ob wir sie Miezen, Bienen, Schnucken nennen. Frauen sind ganz bei sich, wenn sie, bevor sie kurz zum Metzger gehen, zwei Kostüme ausprobieren, den Lippenstift nachziehen und eine Stunde über ihre Schuhe nachdenken. Frauen brauchen ewig, um sich anzuziehen; nicht etwa, weil sie es noch üben müssen: Sie mögen nur ihr Spiegelbild, und mit Schminke und Kleidern maskieren sie sich nicht; sie vervollständigen das Porträt ihrer selbst.

Männer sehen im Spiegelbild ein unbehaartes Tier, das ihnen fremder ist als jeder Leopard. Deshalb ziehen sich Männer immer so schnell an: Sie schlüpfen in ihre Hosen und Jacken, wie ihre Vorfahren ins Raubtierfell. Sie wollen keine nackten Primaten sein, und genauso sehen sie dann aus: wie angezogene Primaten. Die Schultern hängen, die Hosen sitzen nicht, die Farben beißen einander. Aber haben unsere Väter, bevor sie den Löwen erschlugen, vielleicht Maß genommen, ob das Fell auch passt? Beißen Leoparden etwa nicht? Männer tragen ihre Anzüge, als hätten sie die nicht gekauft, sondern gejagt, erlegt, getötet. Kaum etwas ist so tot wie das Sakko eines Mannes, der sich für den Löwen seiner Firma hält.

Wie ertragen Frauen diese Männer? Gar nicht. Nur wenn sie sich die Männer nackt vorstellen, ertragen sie, wie Männer angezogen sind. Und warum lernen Männer nicht von ihren Frauen, wie man sich so anzieht, dass man aussieht wie ein Mensch? Vielleicht ist die Kleidung keine Lösung. Vielleicht wäre es die Lösung, wenn uns wieder ein Fell wüchse.

Auf dem Parteitag der Demokraten, 1956, fasste jemand Frank Sinatra am Ärmel. »Nimm die Finger von meinem Anzug, du Wicht«, sagte Sinatra zu dem Mann und kümmerte sich einen Dreck darum, dass der ein mächtiger Politiker war. Danach sind sie, nackt und auf allen vieren, aufeinander losgegangen und haben gebrüllt und gebissen.

Männer bellen.
Frauen beißen.

Männer beißen nicht. Sie tun nur so, als ob sie bissig wären: reißen das Maul auf und knurren, als ob es jetzt gleich ganz gefährlich würde. Und dann ist es doch nur Schweinebraten, in den sie ihre Zähne stecken: ein Stück totes und gegartes Fleisch, der armselige Rest eines Tieres, das sich nicht wehren kann. Hat das Schwein je zurückgebissen? Hat man schon mal gehört, dass ein Mann eine lebendige Kuh gerissen hätte – oder wenigstens eine Maus?

Männer erzählen gern, dass der Mann das gefährlichste aller Raubtiere sei: schlauer als ein Fuchs und bösartiger als eine Ratte. Hat man aber jemals die Ratten gefragt, ob sie nicht nachts, wenn die Menschen schlafen, stundenlang kichern über den Mann, dieses dumme, gutgläubige Tier? »Der Mensch ist dem Menschen ein Wolf«, hat einst ein Mann über unsere Spezies geschrieben: Ist er danach aber aus dem Fenster gesprungen, hat er den Mond angeheult und zum Frühstück einen anderen Mann verspeist? Nein: Er hat sich eine schöne Tasse Tee gekocht.

Wenn der Mann aber kein Wolf ist: Was ist er dann? Die Schwundstufe des Wolfes, ein Hund also, der gut dressiert ist und ein paar hübsche Kunststückchen kann? Männer stellen sich gerne auf die Hinterpfoten, und sie tun, als ob sie sprechen könnten. Aber manche Hunde können sogar singen: »Wuhuhuhu wuff wff!« Wenn es

ernst oder gefährlich wird, fangen Männer mit dem Bellen an. Wer am lautesten bellt, ist der Chef.

Wenn der Mann aber dem Hund so ähnlich ist: Wozu braucht er dann einen Hund? Eben deshalb; damit er nicht so einsam bleibt. Der Mann wirft ein Stöckchen, sein dummer Hund rennt hinterher – so kann der Mann für einen Augenblick vergessen, dass er noch viel dümmer durch die Gegend hetzt. Der Unterschied zwischen Mann und Hund: Es sind nicht Stöckchen, denen die Männer hinterherrennen.

Wenn der Mann dem Mann bloß ein Hund ist: Was ist ihm dann die Frau? Früher sagten die Männer gern: Mein Pussykätzchen! Und dann hofften sie darauf, dass die Frau ein bisschen schnurrte und schön zu Hause blieb und mit ihren Wollknäueln spielte. Heute wissen die Männer es besser: Ihre Tage beginnen mit Bisswunden, und wehe ihnen, wenn sie zu Frauen jemals Miezen sagen!

Gibt es unter diesen Bedingungen eine Verständigung zwischen den Geschlechtern? Im Prinzip ja: Die Männer müssen sich nur das Bellen abgewöhnen. Wer bellt, kann nicht zuhören: Das hassen die Frauen an den Männern. Wer schweigt, hört endlich, was die Frauen sagen: »Miau!« Genau. Wenn wir nur wüssten, was das heißt.

Männer haben Durst.
Frauen haben Hunger.

Es ist nur sehr schwer vorzustellen, aber irgendwann, vor unfassbar vielen Jahren, muss es eine Zeit gegeben haben, da war der Schokoriegel noch nicht erfunden und der Cracker nicht entdeckt; da gab es noch keine Krokantschokolade, und nichts war bekannt über Apfeltaschen – und wenn man Männern von dieser Zeit erzählt, antworten die Männer: Na und, Hauptsache, es gab auch damals schon Bier.

Was haben aber damals die Frauen gemacht, in der Steinzeit oder noch viel früher, als die Urhorden durch die Savanne streiften? Hat da die Frau zu ihrem Mann gesagt: Du Schatz, ich weiß, ich werde dick davon. Aber mich plagt schon wieder der kleine Hunger zwischendurch. Ich muss mir schnell eine Nieswurzknolle aus dem Boden buddeln. Und während sie an ihrer Wurzel knabberte, setzte er sich ins Gras und überlegte, ob er endlich die Flasche erfinden sollte; denn damals bewahrte man das Bier noch in riesigen Bottichen auf, die schwer zu transportieren waren.

Auch der Mann hat manchmal Hunger wie ein Wolf; vor allem dann, wenn das Essen auf dem Tisch steht: Dann können Männer praktisch unbegrenzt essen. Zwei Wildschweine oder 14 Semmelknödel, wer das nicht schafft, hat ein Männlichkeitsproblem. Wenn aber weit und breit kein Schwein vorhanden ist, denkt der Mann halt an was anderes. An seinen Durst zum Beispiel, der ihn viel heftiger quält. Oder an Sex, der auch nicht da ist: Trotzdem ist es schöner, an Sex zu denken als an einen Knödel.

Warum haben Frauen immer Hunger? Weil sie nichts essen, wenn das Essen da ist: nur einen kleinen Salat und eine halbe Scheibe Toast. Das ist aber nur eine Diätversion der Wahrheit.

Warum haben Männer immer Durst? Obwohl sie doch viel trinken, sobald es etwas zu trinken gibt.

Kann es sein, dass das Essen für die Frauen eher eine gedankliche als eine physische Tätigkeit ist? Schmeckt ihnen die Idee einer Pizza womöglich besser als eine real existierende – schon weil man von Ideen nicht so dick wird? Verbirgt sich in den Schichten einer Praline vielleicht der Entwurf für eine bessere Welt, eine Welt aus Milch und Schokolade? Und was passiert mit dieser Utopie, wenn die Praline angebissen wird? Zehrt die Frau dann auf, wonach sie sich doch sehnt? Oder verleibt sie sich die Schönheit und die Perfektion der Praline ein? Sind Frauen also schon deshalb die besseren Menschen, weil sie sich besser ernähren und folglich aus besserem Material bestehen?

»Mir ist es egal, was es zum Essen gibt, solange es jeden Tag dasselbe ist.« So hat einst Ludwig Wittgenstein die männliche Haltung zum Essen ausgedrückt. Und dann gab es jeden Abend ein paar Käsebrote, was leider ein bisschen unmännlich wirkt: Frauen essen Käse, Männer essen Wurst.

Woher kommt aber unser Durst? Und wohin wird er uns noch bringen? Egal. Der Durst ist da und lässt sich gedanklich nicht bannen. Doch bevor wir uns ganz verflüssigen, müssen wir ein Gegengift bereithalten. Da empfiehlt sich, beispielsweise, ein Martini. Das ist ein trockener Gedanke, den man trinken kann. Sagte Sinatra oder so.

Ehekrach. Dritte Folge

Wir saßen, in einem angenehmen Restaurant, einander gegenüber – und während ich das Hauptgericht verdaute, warf Charlotte mir einen Brocken hin: »Du bist dümmer, als du denkst.« Sie lächelte dabei.

Ich verstand sie nicht. Ich sagte nichts. Ich guckte sie nur an.

»Vielleicht bist du sogar dümmer, als du gerade schaust.« Ihr Lächeln war ein bisschen fies. »Ist dir der Ober aufgefallen? Der kleine, dunkelhaarige.«

Ich sagte: »Keine Ahnung. Ein Ober soll nicht auffallen. Ein Ober soll bedienen.«

»Genau: So bist du zu den Menschen. Sie sollen dich bedienen, und das sollen sie auch noch unauffällig tun. So hättest du es gern. Ich bediene dich, und dann halte ich auch noch den Mund.«

»Ich dachte, du sprichst vom Ober hier«, sagte ich.

»Sag mir nicht, worüber ich sprechen darf. Der Ober ist doch nur der beste Beweis dafür, dass du dich für mich nicht interessierst.«

Ich hatte keine Ahnung, was sie von mir wollte. Ich winkte dem Ober und bestellte noch eine Flasche Wein. Wir saßen da und schwiegen ein bisschen. Dann sagte sie: »Du merkst wirklich gar nichts.«

Ich trank. Ich rauchte. Der Abend hatte doch ganz nett begonnen.

»Der Ober hat schon wieder mit mir geflirtet«, sagte sie.

»Wenn es dich stört, musst du es mir sagen. Dann zieh ich halt mein Sakko aus und fange eine Prügelei an. Sehr gerne.«

»Lass es bleiben«, sagte Charlotte: »Du trägst Kontaktlinsen. Du solltest Schlägereien besser aus dem Weg gehen. Außerdem will ich nicht, dass du ihm etwas tust. Er ist nett. Er sieht sehr gut aus. Ich flirte schon die ganze Zeit mit ihm.«

Ich sagte: »Dann kann ich ja gehen.«

Sie sagte: »Warum nicht. Es ist kein besonderes Vergnügen, mit einem Mann auszugehen, der sich nicht für mich interessiert. Du sagst, du willst mit mir essen gehen. Ich freue mich, ich ziehe mir was Schönes an, und dann sitzen wir im Restaurant, und du interessierst dich für nichts. Du merkst nicht, dass der Ober mit mir flirtet: Das ist schon eine ziemliche Frechheit. Du merkst nicht, dass ich zurückflirte: Das beweist endgültig, dass dir alles egal ist. Du bist hier mit mir verabredet. Nicht mit deinem saublöden Lammkarree.«

Der Ober stand hinter ihr und schenkte Rotwein nach. Er grinste mich an. Der totale Schleimer. Ich sah ihn vor mir, wie er Charlotte nach Italien entführte und dann in Neapel seiner dicken Mamma vorstellte, die vor lauter Freude gleich einen Riesentopf Spaghetti kochen musste. »Du wirst fett werden von den vielen Spaghetti«, sagte ich.

Der Ober grinste weiter. Charlotte tat, als wüsste sie nicht, wovon ich sprach: »Lenk nicht ab! Ich bin nämlich nicht so dumm wie du. Ich merke immer, was los ist. Und du gibst dir ja noch nicht mal die Mühe, irgendetwas zu verbergen. Gib es einfach zu: Den ganzen Abend interessiert dich nur eines.«

»Was«, fragte ich.

»Fleisch. Nichts als Fleisch. Entweder guckst du auf deinen Teller. Oder du starrst hinüber zu dieser schrecklichen Blondine.«

»Ich weiß nicht, wovon du sprichst.« Zwei Tische weiter saß die Frau, die Charlotte meinte.

»Mach mir nichts vor. Und mach dir nicht vor, dass ich so was nicht sehe. Von mir aus kannst du solche Miezen ruhig anstarren, wenn dir so was gefällt: Sie hat ein Gesicht wie eine Weißwurst. Und ihre dicken Beine werden nicht länger, bloß weil ihr Rock so kurz ist. Schlimm genug, wenn dir so was gefällt. Schau's dir an, wenn du das brauchst. Aber schau es dir an, solange du allein bist. Mit mir ausgehen und fette Weiber anglotzen: Das ist eine Beleidigung.«

Ich versuchte gar nicht erst, mich rauszureden. Ich hatte kurz mal hinübergeguckt. Schon wegen des Rocks, der wirklich sehr knapp war. Ich fragte: »Und was ist mit deinem kleinen Kellner?«

»Genau, der Kellner: Der würde seine Begleiterin niemals so mies behandeln.«

Männer wollen Männer sein.
Frauen lieber nicht.

Der Mann als solcher existiert, das hat schon Bertolt Brecht bemerkt. Doch was diese Existenz zu bedeuten hat, das konnte auch Brecht nicht erklären. Seine Arbeitshypothese besagte nur: »Mann ist Mann«, was nicht besonders viel ist im Vergleich.
Ein Ding, zum Beispiel, ist ein Ding, weil es dinglich ist. Ein Tier ist tierisch, ein Gift ist giftig, ein Wasser wässrig. Das ist das Wesen dieser Phänomene. Dass Männer aber männlich wären, glauben nicht mal die Männer selbst.
Experimentell ist die Männlichkeit natürlich viel leichter nachzuweisen als Doping oder Radioaktivität: Diskrete Männer gucken kurz im Spiegel nach, ob da, an der Kehle, ein Adamsapfel hüpft. Die Unverklemmten schauen sich ein bisschen weiter unten um. Und wenn das Testergebnis positiv ist, wissen sie doch alle, dass das gar nichts besagt. »Sei ein Mann!«, sagt ein Mann zum anderen, wenn der sich im Restaurant einen Salat bestellt oder die Gebrauchsanweisung der Kettensäge nicht versteht. »Sei ein Mann!«, sagt die Frau, wenn ihr irgendwas nicht passt, und niemals kommt die Antwort: »Sei doch du eine Frau!« Die Frau wacht als Frau auf und geht als Frau zu Bett, und nicht einmal in ihren Träumen ist ihre Weiblichkeit in Frage gestellt. Was ist aber der Mann, bevor er seine Männlichkeit beweist? Ist er ein Kind, ein Würstchen, ein Weib? Ist er, wie Zarathustra vermutet, ein Wurm, ein Affe, ein Zwerg?

Wir trösten uns mit dem Gedanken, dass Männlichkeit nichts weiter sei als eine hohle Form, die mit Substanz erst noch gefüllt werden muss: mit Fleisch zum Beispiel, medium oder rare, das uns Männer als besonders männlich gilt. Und so schneiden wir unsere Steaks in Stücke – und ahnen doch in den Stunden der Verdauung, dass der Gang zum Metzger auf lange Sicht zur Geschlechtsumwandlung führt. Im Zeitalter der Hormonkälber und der anabolischen Schweine jedenfalls.

Ist es also besser, die leere Hülle der Männlichkeit mit Bier und Whisky aufzufüllen? Das sind im Prinzip sehr männliche Getränke, und am nächsten Morgen klingt die Stimme so tief, als wäre sie ein sekundäres Geschlechtsorgan. Ist aber alles nur ein Missverständnis: Je mehr einer trinkt, desto weniger Testosteron produziert sein Körper. Und wenn es Bier ist, was er trinkt, dann produziert er auch noch zu viel Östrogen. So wird, auf Dauer, aus dem Trinker eine Trinkerin. So verzehrt die Männlichkeit sich selbst: Ist es das? Lieben wir die Frauen, weil sie unsere Zukunft sind?

Oder gibt es eine Therapie gegen unsere Zweifel? Dean Martin kannte eine: »Mein Arzt hat mir empfohlen, jeden Abend, bevor ich ins Bett gehe, einen kleinen Drink zu mir zu nehmen. Jetzt gehe ich jeden Abend neun- bis zehnmal ins Bett.«

Männer essen Fleisch.
Frauen essen Gemüse.

Die Frauen fragen sich gelegentlich, ob Männer vielleicht Schweine sind. Ein Mann fragt einen anderen Mann: Sag, bist du ein Mann oder bist du ein Würstchen? Was natürlich auf den gleichen Rohstoff schließen lässt: Der Mann besteht zum größten Teil aus Fleisch, und viel Fleisch muss er essen, um ein Mann zu bleiben. Woraus besteht die Frau? Keine Ahnung.

Ein Mann, wenn er kein Würstchen ist, weiß ganz genau, was er essen muss: Männlich sind Steaks und Schnitzel und dann Pommes frites und Semmelknödel, die ihre pflanzliche Herkunft so gut verbergen, dass man sie ideell zum Fleisch zählen darf. Unmännlich sind Salat, Gemüse und dann natürlich die Wachtelbrüstchen, die ideell zum Gemüse zählen. Und das Gemüse, glaubt der Mann, gefährdet nicht nur seine Männlichkeit: Es stellt ihn auch als Mensch in Frage.

Denn der Affe, das hat schon Friedrich Engels gewusst, wurde zum Menschen, als er sich die Bananen abgewöhnte und anfing, wilde Tiere zu jagen: Das zwang ihn, weil die Tiere stärker waren, endlich sein Gehirn zu gebrauchen. Und als der Mann dann das Fleisch verzehrte, da fraß er auch die Kraft, die Schnelligkeit und die Potenz der Tiere in sich rein. So ist das also: Wir essen Fleisch und werden davon so klug wie die Rinder, so kräftig wie die Schweine, so potent wie die Hühner in der Legebatterie.

51

Sind Frauen also keine Menschen? Wollen sie schön wie die Kartoffel sein und klug wie eine Sellerie?

Der Mann, wenn er sich auf die Jagd nach den Frauen macht, nennt seine Opfer gern Schnucken, Hasen oder Miezen: Will er sie verspeisen und dann werden wie sie?

Die Frau, wenn sie nach einem netten Namen sucht, nennt ihren Mann niemals: mein schöner, starker Rosenkohl! Das braucht sie auch nicht. Denn die Frauen stammen nicht vom Affen, sondern von den Pflanzen ab. Von den fleischfressenden Pflanzen: Sie verschlingen Männer. Der Rest ist Sättigungsbeilage.

Dean Martin, unser aller Vorbild, hatte in den späten Sechzigern eine Show in Las Vegas, die war so männlich, so fleischig, so verknödelt, dass irgendwann die Feministinnen vor den Studiotüren demonstrierten. Dean Martin überlegte sich, wie er darauf reagieren sollte – und dann engagierte er eine neue Assistentin, die musste immer einen Tigerdress tragen. Dean Martin nannte sie »mein Schoßtier«. Sie hat nicht mal geknurrt. Ob sie an ihm geknabbert hat, ist nicht überliefert. Vielleicht hat sie ihn erst mal mit Senf beschmiert. Wir sind doch alle Würstchen.

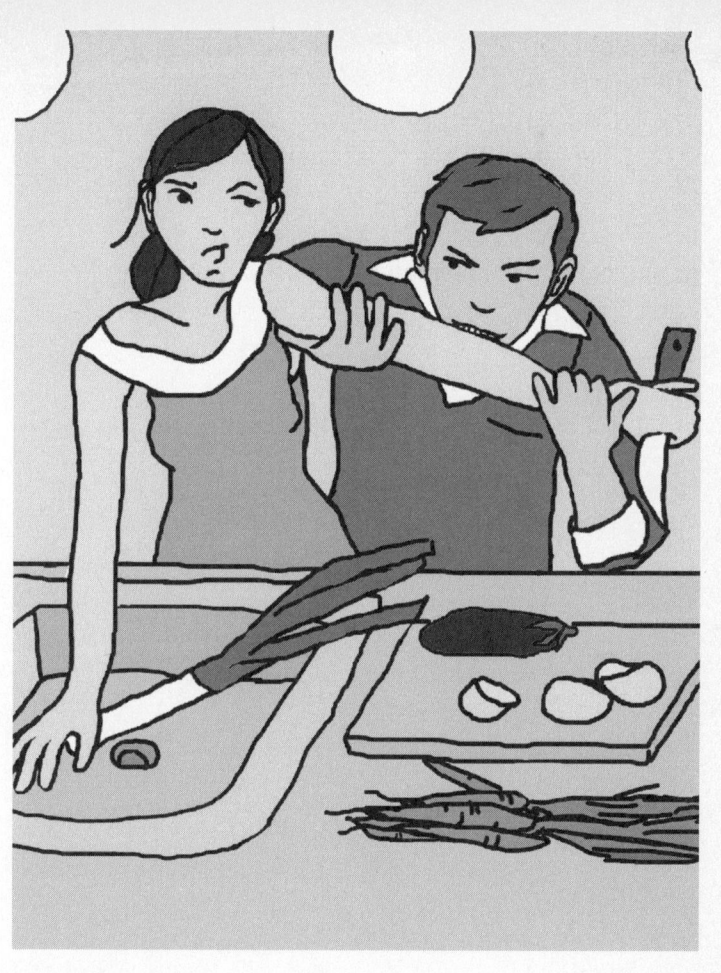

Männer hassen Kultur.
Frauen haben Kultur.

Die Kultur des Mannes lief schon immer auf Mähdrescher und Bolzenschussmaschinen hinaus: Denn die
Kultur des Mannes ist vor allem eine Agrikultur – die
Notwendigkeit, Toastbrot und Schnitzel herzustellen,
leuchtet auch dem dümmsten aller Männer ein. Aller-
dings ist Kultur, in diesem männlichen Sinne, ein harter
und oft blutiger Job, den wir am besten den Maschinen
überlassen.
Wenn Frauen von den kulturellen Dingen sprechen,
dann meinen sie damit etwas ganz Anderes. Sie meinen
Abende in schlecht gelüfteten Buchhandlungen, wo
warmer Weißwein in den Wassergläsern dümpelt, und
vorn sitzt einer und nuschelt lange Sätze vor sich hin.
Sie meinen schwere Stunden auf unbequemen Sitzen,
und vorn stehen zwei und brüllen einander an, dass man
es noch zwanzig Meter weit hört, obwohl doch nur von
den zartesten Gefühlen die Rede ist. Kultur ist, wenn sie
hinterher zu ihm sagt: »Du, ich kann jetzt gar nichts sagen.« Sind also Dichterlesungen für Männer strengstens
verboten? Ist es unmännlich, sich ein Theater von innen
anzugucken? Im Prinzip schon – aber manche von uns
gehen trotzdem immer wieder hin. »Wie war's denn ge-
stern in der Oper?«, fragt spöttisch ein Mann den anderen. »Keine Ahnung. Ich habe die ganze Zeit nach den
Frauen geguckt. Die Frauen in der Oper sind jedenfalls
hübscher als die im Olympiastadion.«

Was finden die Frauen in den Theatern, das sie nicht auch im Stadion finden könnten? Keine Ahnung! Es können jedenfalls nicht die hübschen Männer sein. Hübsche Jungs, die sich für Kultur interessieren, spüren in sich meistens eine große Gleichgültigkeit, wenn sie an hübsche Frauen denken.

Männer interessieren sich für Frauen, Frauen interessieren sich für Kultur: So hat das wohl alles angefangen. Der Mann entdeckte, dass sein schöner neuer Mähdrescher die erotisierende Wirkung auf die Frauen verfehlte. Also erweiterte er seinen Kulturbegriff – und versuchte es mit Lyrik. Er reimte Mähdrescher auf Menschenfresser. Toastbrot auf Morgenrot. Schnitzel auf Liebe. Und die Frau verstand, zu ihrem Glück, kein Wort, weil der Mähdrescher immer noch lief. Mähdrescher sind sehr viel lauter als Gedichte.

Kann Lyrik überhaupt männlich klingen? Dean Martin glaubte daran und reimte: »When the moon hits your eye like a big pizza pie, that's amore«, wovon es zur Toastbrot- und Schnitzellyrik nicht mehr weit ist. Sehr männlich; vor allem, wenn man den Satz ins Deutsche übersetzt: »Wenn der Mond dir wie eine große Pizza aufs Auge haut, dann ist das Amore.« Außerdem ist es natürlich Avantgarde.

Gibt es Hoffnung auf Verständigung zwischen Männern und Frauen im Geist von Dean Martin und einer großen Pizza? Im Prinzip ja – wie einst Hölderlin prognostizierte: »Bald sind wir aber Gesang.« Und als Erstes rufen wir den Pizza-Service an. Sie will Spinat und Artischockenherzen. Er will eine mit allem. Kein Kompromiss in Sicht.

Ehekrach. Vierte Folge

Charlotte stand vor mir und hielt ein unbekanntes Objekt in der Hand. Sie trug Gummihandschuhe, weil das Ding eine schleimige Oberfläche hatte; außerdem stank es ziemlich intensiv.

»Was ist das?«, fragte ich.

»Ich habe keine Ahnung, wie man das nennt, was es jetzt ist«, sagte Charlotte. »Ich habe nur eine Ahnung, was dieses Ding irgendwann gewesen sein könnte. Es war mal ein Kotelett, vor sehr langer Zeit.«

»Es stinkt«, sagte ich, »warum hebst du so was auf? Als Andenken?«

»Ich brauche kein stinkendes Kotelett, um an dich zu denken. Alles in dieser Wohnung erinnert mich an dich.«

»Sehr schön«, sagte ich.

»Alles, was in dieser Wohnung schmutzig ist. Alles, was stinkt.« Sie ließ das Fleisch auf meinen Schreibtisch fallen: »Es lag im Schuhschrank, schön eingeschweißt, mit einer Plastiktüte drumherum. Es muss da drei Wochen gelegen haben. Was für eine unfassbare Sauerei. Und ich dachte, in der Tüte ist Schuhcreme oder so.«

»Vielleicht kann man es noch zu Schuhcreme verarbeiten.« Es stank. Und es machte einen schleimigen Fleck auf meiner Schreibtischplatte. »Ich kann mich jetzt erinnern. Ich kam vom Einkaufen nach Hause, ich war gerade dabei, die Schuhe auszuziehen, da klingelte das Telefon. Da habe ich die Tüte wohl vergessen. So war's. So etwas kann passieren.«

Charlotte war aus dem Zimmer gegangen. Ich nahm eine alte Zeitung und versuchte vorsichtig, das alte Fleisch zu packen, ohne seine schleimige Konsistenz allzu deutlich zu spüren. Ich warf es in den Papierkorb. Es stank entsetzlich.

Charlotte war wieder da. Sie hatte eine Plastiktüte mitgebracht. Sie trug noch immer die Gummihand-schuhe. »So was kann passieren«, sagte sie. Dann holte sie ein Stück Käse heraus. Es stank. »Liegt seit zwei Wochen im Kühlschrank«, sagte sie. »Ich habe es nicht gekauft. Ich hasse diesen Käse.« Sie zeigte mir, was sie sonst noch mitgebracht hatte. Eine alte Schokolade, eine halbe Banane. Eine Flasche Bier, die seit einem halben Jahr offen im Kühlschrank gestanden hatte. »Wenn du die Sachen nicht wegwirfst, muss ich es eben tun«, sagte sie. Dann leerte sie die Tüte auf meinen Schreibtisch aus.

»Schön, dass du das Bier einfach hinstellst und nicht gleich über die Platte kippst«, sagte ich.

Sie nahm die Flasche und leerte sie auf meinen Schreibtisch.

»Bist du wahnsinnig?«, brüllte ich.

»Nein. Ich bin normal. Ich bin noch nicht mal richtig sauer auf dich. Ich finde nur, du solltest gelegentlich selber saubermachen.« Dann verschwand Charlotte.

Ich holte mir einen Eimer mit warmem Wasser, ein scharfes Putzmittel und ein paar Lappen. Dann fing ich an, meinen Schreibtisch zu putzen. Das Putzmittel roch sehr gut, das Schrubben, fand ich, war so eine Art Meditation; nicht unangenehm jedenfalls. Und nach etwa einer Stunde sah der Schreibtisch wieder sauber aus. Ich brachte den Papierkorb hinunter in den Hof und leerte die Essensreste in die Biotonne. Ich fand Sauberkeit ein erstrebenswertes Ziel. Auch der Papierkorb sollte glänzen. Ich schrubbte, bis er so sauber war, dass man darin ein Gulasch hätte servieren können. Es war herrlich, und es roch so gut. Ich machte mich an die Bücherregale. Ich staubte die Rücken aller Bücher ab. Ich wusch die Tür, ich säuberte alle Lampen. Längst war die erste Flasche mit Putzmittel aufgebraucht. Charlotte hatte vorgesorgt. Es gab genug von dem guten Stoff. Ich polierte den Computer. Ich legte den Drucker auseinander und reinigte ihn auch von innen. Ich kehrte den Boden, dann wischte ich ihn sauber, und dann merkte ich, dass zwischen den Ritzen des Parketts noch winzig kleine Staubpartikel lagerten. Ich holte meine Ersatzzahnbürste und fing an, die Zwischenräume zu säubern. Es war notwendig. Es machte Spaß. Ich hockte auf den Knien, hielt den Kopf ganz nah an den Boden und holte alles aus den Ritzen heraus. Ich bürstete und bürstete und achtete nicht mehr auf die Zeit. Zeit war nicht wichtig. Wichtig war, dass alles sauber wurde.

Gegen zwei Uhr morgens stand mir ein Schuh im Weg. Ein schöner dunkelbrauner Schuh, der aber zwischen Sohle und Oberleder kleinste Reste von Straßenstaub aufwies. Ich fing sofort zu bürsten an. Da bewegte sich der Schuh. Ich guckte hoch. Über dem Schuh war ein Knöchel, über dem Knöchel ein Bein, dann kam ein Oberkörper, und von sehr weit oben guckte Charlottes Gesicht zu mir herunter.

Ich erschrak heftig, nahm erstmal einen kräftigen Schluck aus der Putzmittelflasche, und kurz bevor ich das Bewusstsein ganz verlor, hörte ich Charlotte sagen: »Es stinkt in diesem Zimmer!«

Ich übergab mich dreimal in dieser Nacht, aber als ich am späten Nachmittag aufstand, fühlte ich mich wieder halbwegs gut. Ich duschte, zog mich an, trank einen Kaffee. Charlotte saß in der Küche: »Das war nicht perfekt, aber es war ein Anfang«, sagt sie. »Wie wär's, wenn du jetzt mit der Küche weitermachst?«

Männer mögen es kühl.
Frauen haben es lieber warm.

Im Grunde mögen Männer keinen Sex. Sie tun es dann natürlich schon – und wenn es vorüber ist, hat es doch ein bisschen Spaß gemacht. Aber wenn wir ehrlich sind, empfinden wir diese Tätigkeit als absolut unmännlich, schon weil wir dabei ins Schwitzen kommen. Und wenn wir uns etwas wünschen dürften, dann wäre das Sex in der Tiefkühltruhe oder Sex, der keinerlei Berührung erfordert. »Meine Brüder, zur Nächsten-Liebe rate ich euch nicht: Ich rate euch zur Fernsten-Liebe.« Das schrieb einst Friedrich Nietzsche, der sein Glück in den Gletschern des Engadins suchte.

Männer kuscheln nicht, und sie nennen ihre Feinde Warmduscher oder Würstchen. Denn Würstchen werden gegrillt – der echte Mann aber liebt die niedrigen Temperaturen. Die Frauen liebt er natürlich auch; das Dumme ist nur, dass die Reibung der Geschlechter zwangsläufig Hitze entstehen lässt: Deshalb hat der Mann die Kunst erfunden und das Kino und die illustrierten Magazine. In den Bildern sind die Frauen uns ganz nah, und doch entsteht beim Gucken keine Reibungswärme. Nur das wohltemperierte Klavier hilft uns in dieser Sache nicht unbedingt weiter.

Sind Frauen, die es warm und kuschelig mögen, also die besseren Menschen? Haben Männer ein Herz aus Stein und eine Seele aus Eis? Stammen die Männer am Ende gar nicht von den Affen ab, sondern von den Eisbären?

Den Pinguinen? Haben Pinguine eigentlich Sex, oder schlüpfen sie einfach aus den Eiern, perfekt gekleidet wie Saaldiener des Bundestages?

Die unterschiedlichen Temperaturen der Geschlechter offenbaren sich jeden Tag und jede Nacht: Sie schließt die Fenster, er reißt sie wieder auf. Sie sagt: Komm kuscheln! Er holt sich ein kaltes Bier aus dem Kühlschrank. Sie lieben sich, und sein Höhepunkt ist ein schneebedeckter Gipfel. Wie war ich, fragt er dann und freut sich über eine schlichte Antwort: Cool, du warst supercool.

Mögen Frauen das? Frauen mögen jedenfalls Robert Mitchum, dem es nicht geschadet hat, dass er mit seinem Kampf- und Ehrennamen auch »der Kühlschrank« hieß. Robert Mitchum: Der ist ein gutes Vorbild, und vielleicht sollte jeder gute Mann danach streben, dass auch er zum Kühlschrank wird. Es gibt beim Mann zwar, anders als beim Kühlschrank, keine Tür, die man öffnen und sich ein Bier herausholen könnte (was mancher Männerfreundschaft neue Impulse geben würde). Aber wenn der Mann an der Stelle, wo eigentlich sein Herz und seine Seele sitzen sollten, in Wirklichkeit ein paar Kühlaggregate hat, dann spricht das nicht unbedingt gegen ihn: Die Liebe ist mit einem Joghurt oder einem Schnitzel nicht wirklich zu vergleichen. Aber womöglich bleibt auch die Liebe länger frisch, wenn man sie bei sehr niedrigen Temperaturen aufbewahrt.

Kann es sein, dass Männer es lieber kühl mögen, weil sie, wenn es ernst wird, dahinschmelzen wollen wie Eis?

Männer sind hässlich.
Frauen sind schön.

Wenn Männer nicht aus Fleisch und Blut und Knochen
bestünden, sondern aus einem durchsichtigen Material:
Dann könnten die Frauen direkt in den männlichen Cha-
rakter hineinsehen; und der Mann, wenn er in den Spiegel guckte, müsste nicht erschrecken über seine Augenringe, die Furchen im Gesicht, die unreine Haut an den
Nasenflügeln. Vielmehr schaute er seinem Kopf beim
Denken zu – und das heißt: Er sähe im Spiegel eine
schöne, nackte Frau.
Angeblich hat Gott den Menschen nach seinem Bild geschaffen. Aber das ist lang her, und Gott hat sich seither
nur noch selten blicken lassen. Wir wissen nicht mehr,
wie er aussieht. Und doch ahnen wir: So schlecht wie
sein Geschöpf, der Mann, sieht er ganz bestimmt nicht
aus. Gott sei eine Frau, sagen deshalb manche Frauen.
Gott ist tot, sprach schon vor hundert Jahren Nietzsches
Zarathustra, der auch nicht gern in den Spiegel guckte:
»Denn nicht mich sah ich darin, sondern eines Teufels
Fratze und Hohnlachen.«
Was Männer an den Frauen lieben, ist deren Äußeres,
sind Fesseln, Schulter, Achselhöhlen: Gottes beste Arbeiten. Wofür die Männer geliebt werden wollen: Das
sind ihre inneren Werte, die aber, weil Fleisch meistens
undurchsichtig ist, nur Chirurgen sehen können. Das Äu-
ßere der Männer ist nicht schön. Es ist aber selbstge-
macht: Die Falten auf der Stirn haben die Gedanken des

Mannes protokolliert, die Stimme klingt nach viel Whisky und wenig Widerspruch. Der dicke Bauch bezeugt, dass so ein Mann seine Feinde schon zum Frühstück verschlingt. So sehen sich jedenfalls die Männer. Gibt es zwischen Mann und Frau einen metaphysischen Unterschied? Hat Gott die Frau geschaffen und der Mann sich selbst?

Wer den Körper eines Mannes so liest wie ein Buch, wird schnell merken, dass Bücher spannender sind: Wovon die Haut, die Augen und die Augenringe zeugen, das ist eher Restalkohol als Lebenserfahrung, und was da zwischen unseren Beinen baumelt, verfügt auch nur über sehr beschränkte erzählerische Mittel. Ein perfekter Körper erzählte noch viel weniger. Immerhin wäre er perfekt.

Wenn aber Gott die Frau geschaffen hat: Was erzählt uns dann eine weibliche Achselhöhle? Erzählt sie von Gott, spricht sie vom Wesen der Frau? Keine Ahnung. Männer lesen dann nur ihr eigenes Begehren. Männer sind nicht sensibel genug, weibliche Botschaften zu verstehen. Deshalb sind Männer so einsam.

»Ich bin für alles, was einem über die Nacht hilft, sei's ein Gebet, ein Tranquilizer oder eine Flasche Jack Daniel's.« So sprach einst Frank Sinatra, der Frauenheld, der schon wusste, dass es zwischen Männern und Frauen keine Verständigung gibt.

Männer hassen den Urlaub.
Frauen brauchen ihn.

Den Urlaub, wie wir ihn heute kennen, diese ganze langweilige Zeitverschwendung, von der man eine ungesunde Haut kriegt und ein weiches Hirn, und der Sand klebt noch monatelang an den Kleidern: Das alles haben der amerikanische Dichter F. Scott Fitzgerald und seine Gattin Zelda erfunden, die irgendwann in den zwanziger Jahren den Zug von Nizza nach Paris verpassten. Und dann blieben sie den ganzen Sommer lang an der Côte d'Azur, und weil sie sonst nichts zu arbeiten hatten, legten sie sich dauernd in die Sonne, und später ist Zelda dann schwermütig geworden, und Scott trank viel zu viel und wurde immer trauriger.

Natürlich sind die Männer auch früher schon ins Ausland gereist – aber ihre Frauen haben sie zu Hause gelassen und die Badesachen auch, und sie sagten auch nicht Urlaub zu dem, was sie da taten. Sie packten ihre Speere und Schwerter ein, und dann zogen sie los, in ziemlich großen Gruppen, und wenn sie am Reiseziel angekommen waren, plünderten sie die Lager, trampelten Mauern und Häuser nieder, hauten schöne, große Städte in Trümmer, und wenn alles kaputt war, zogen sie weiter oder fuhren zur Erholung wieder nach Hause. So war das also früher, und damals nannte man das Reisen lieber Krieg oder Völkerwanderung.

Die meisten Männer haben sich solche Vergnügen längst abgewöhnt – nicht weil sie friedlicher geworden wären.

Im Gegenteil: In unseren Firmen herrscht der Krieg aller gegen alle, und wenn einer allzu lange wegbleibt vom Schlachtfeld, dann kommt er eines Tages zurück und hat noch gar nicht gemerkt, dass er längst erledigt ist, gemeuchelt, abgemurkst. »Wir sind nur Tote auf Urlaub«, hat einst William Faulkner geschrieben; vermutlich kam er da gerade aus den Ferien, die er, auf Drängen seiner Frau, in einem langweiligen Dorf am Meer verbrachte.

Was suchen die Frauen da unten im Süden? Sie könnten vielleicht ihre Ruhe finden oder Männer, die besser erzogen sind als die einheimischen Exemplare unserer Gattung. Aber die meisten Frauen nehmen ihre Männer mit, obwohl die überhaupt kein Fernweh haben. Hinzu kommt: Männer sprechen sowieso nicht gern, und sie hassen es erst recht, italienisch oder spanisch zu sprechen. Fremdsprachen sind unmännlich, romanische jedenfalls.

Wenn sie dann im Urlaub angekommen sind, setzen sich Frauen an den Strand oder auf eine Bank und schauen ihren Männern dabei zu, wie sie hinausschwimmen und tauchen oder auf die Klippen steigen, und wenn man ganz genau hinguckt, dann sieht man, dass die Frauen dabei lächeln. Vielleicht liegt das daran, dass sie gute Schwimmer und Kletterer sexy finden. Aber manchmal sagt das Lächeln etwas anderes. Manchmal lächeln Frauen so, als wünschten sie sich, dass der Taucher niemals auftaucht und der Kletterer hinunterstürzt von seiner Klippe und der Schwimmer das Ufer nicht mehr erreicht. Wir sind Todgeweihte im Urlaub.

Ehekrach. Fünfte Folge

Es war kurz nach vier, und um fünf Uhr mussten wir fertig sein. Unbedingt. Wir, das war unser Team, das ziemlich unter Druck stand. Um fünf Uhr mussten wir Ergebnisse zeigen.

Ich saß vor meinem Computer und guckte mir den Bildschirmschoner an. Ich dachte nach. Ich war ein bisschen nervös.

Das Telefon klingelte. »Ich bin nicht …«

Die Sekretärin unterbrach mich: »Ihre Frau!«

»Hallo«, sagte ich, und Charlotte fragte: »Störe ich?«

»Du störst nie.«

»Ich höre sofort auf, wenn ich störe.«

»Du störst nicht. Ich freue mich immer, wenn du anrufst. Es ist nur nicht der allerbeste Moment. Wir sollten uns ein bisschen kürzer fassen als sonst.«

»So klingt das also, wenn du dich freust«, sagte Charlotte. »Wie hört es sich an, wenn du dich nicht freust? Brüllst du deinen Gesprächspartnern ins Ohr? Hast du unter dem Schreibtisch eine kleine Kettensäge, die richtig Lärm macht?«

Ein Kollege stand vor meiner Tür. Er deutete mit dem Zeigefinger aufs Zifferblatt seiner Uhr.

»Kettensäge? Wir brauchen eine Kettensäge?«, fragte ich.

»Du hörst mir gar nicht zu«, sagte Charlotte, »dir ist wieder mal alles andere wichtiger. Ich habe heute schon dreimal angerufen, und dreimal war besetzt. Ich will gar nicht wissen, mit wem du so lange telephonierst. Mich würde aber interessieren, ob du anderen Leuten auch nicht zuhörst.«

Jetzt standen zwei Kollegen vor meiner Tür. Ich sagte zu Charlotte: »Tut mir leid. Aber hier brennt es. Hier ist die Hölle los.«

»Interessiert es dich gar nicht, warum ich dich anrufe?«

»Klar interessiert's mich. Was gibt's? Warum rufst du an?«

Charlotte war jetzt richtig sauer: »Sprich nicht mit mir, als ob ich irgendwer wäre, mit dem du Geschäfte machst! Und sprich erst recht nicht so, als ob ich seine Sekretärin wäre! Was ist bitte Ihr Anliegen? Wenn du so mit mir sprichst, lege ich gleich wieder auf.«

Die Sekretärin kam herein und legte mir eine Notiz auf den Schreibtisch: Der Chef bat um Rückruf. Dringend.

»Bitte leg jetzt nicht auf«, sagte ich. »Wenn du jetzt auflegst, sind wir die nächsten Tage verkracht. Ich will nicht verkracht sein mit dir.«

»Wieso geht es eigentlich immer nur um dich? Ich will, ich will nicht. Wer fragt, was ich will. Du willst nicht mit mir verkracht sein, ganz klar. Du hast Stress auf der Arbeit, da soll ich dir keinen Ärger machen. Sag mir bitte, wann der Stress vorbei ist, damit ich weiß, wann ich mich ein bisschen über dich ärgern darf.«

Vor meiner Tür stand jetzt der Chef. Er sah sehr ungeduldig aus.

»Charlotte, ich bitte dich. Sag mir kurz, was los ist, und dann rufe ich dich nach fünf wieder an. Ich kann jetzt unmöglich weitersprechen.«

»Überleg dir gefälligst vorher, was du willst. Du sagst, ich störe dich nicht. Und dann erklärst du mir eine Stunde lang, dass ich dich furchtbar störe. Wenn du das mit deiner Arbeit auch so machst, dann wünsche ich dir viel Glück! Das brauchst du dann nämlich.«

»Hör mal …« Sie hatte aufgelegt.

Abends kaufte ich Blumen und Pralinen und ein Buch und eine Platte. Ich kam nach Hause, bepackt wie ein Weihnachtsmann, und hoffte, alles würde wieder gut. Charlotte war da, aber sie war nicht zu sprechen. Sie telephonierte. Erst mit Marie, dann mit Laura, dann mit ihrer Mutter. Sie telephonierte den ganzen Abend. Ich aß ein Käsebrot, machte ein Bier auf. Charlotte telephonierte. Als ich ins Bett ging, hatte sie noch immer den Hörer am Ohr.

Mitten in der Nacht klingelte das Telephon in meinem Traum. Charlotte war dran. »Störe ich?«, fragte sie. Ich sagte: »Nein, du störst nie.«

Männer sind groß.
Frauen sind etwas kleiner.

Die Frau als solche ist nicht unbedingt beeindruckt davon, dass der Mann ein wenig größer als sie selber ist: »Lass einfach etwas Luft raus«, sagt sie dann, »und schon schrumpft der Junge aufs halbe Format!« Was sicher richtig – aber nicht ganz leicht zu machen ist: Wo hat der Mann seinen Stöpsel?

Wenn Frauen genauso groß wie Männer wären, dann ginge vieles einfacher: Die Männer könnten die Unterwäsche, die sie gern ihren Geliebten schenken, selbst anprobieren – und, wer weiß, womöglich behielten sie die Spitzenhöschen an. Den Frauen würde seltener schwindlig: Sie hätten sich daran gewöhnt, von oben weit nach unten zu gucken, vom Kopf hinunter auf den Boden. Und abends steckten die Männer ihre Füße in Stöckelschuhe, um ein bisschen größer als die Frauen zu sein.

Eine Frau muss nicht groß sein, um ihren Mann zur Schnecke zu machen; der Mann wird aber ganz klein davon. Sie kann ihn dann in einen Käfig sperren, mit Salatblättern füttern, und abends wird er herausgeholt, kriegt zwei, drei Tropfen Bier und darf ein bisschen spielen. Männer, die zur Schnecke geschrumpft sind, brauchen sehr viel Zeit und sehr viel Bier, um wieder aufs normale Männermaß zu wachsen. Und manchmal, wenn die Welt voller Feinde ist, sehnt sich der Mann nach der Schneckenexistenz zurück: Wer klein ist, kann sich viel besser verstecken.

Wie kam es eigentlich damals dazu, als manche Affen zu Menschen befördert wurden, dass die Männer höher als die Frauen wuchsen? Hat der Schöpfer sie häufiger gegossen und besser gedüngt? Hat er die Männer an den Ohren gepackt und, zur Strafe für ihre schmutzigen Gedanken, so lange gestreckt, bis es wehtat? Keine Ahnung; außer der, dass die Größe in Wirklichkeit eine Zumutung ist: Der Wild bläst kühler hier oben, wo unsere Köpfe sind, und für Mücken, Revolverkugeln und Geröilllawinen bieten wir ein besseres Ziel. Es ist nicht fair, dass Männer größer sind.

Kaum wurden sich die Männer ihrer Größe bewusst, da fingen sie auch schon an, sich zu wehren. Sie erfanden Keulen, womit sie einander auf die Köpfe hauten: was kein feindlicher Akt, sondern eine Gefälligkeit war. Ein paar Keulenschläge, glaubten sie, hemme das Wachstum enorm. Stimmt leider nicht: Aus den Köpfen wuchsen Beulen.

Heute sind wir natürlich viel weiter. Wir stemmen Gewichte, die uns nach unten drücken sollen. Wir essen viel, damit die Bäuche schwerer werden. Wir legen uns in die Sonne, damit wir dort zusammenschrumpeln. Nützt aber alles nichts: Unsere Frauen düngen uns zu gut. Mit Vollkornbrot, mit Multivitaminsäften. Und mit Viagra, wenn wir älter werden. Sie glauben nicht an die Grenzen unseres Wachstums.

Sind kleine Männer glücklicher? Eines Nachts in Hollywood glaubte Frank Sinatra, er müsse jetzt John Wayne verprügeln. Aber der packte ihn mit seinen riesigen Armen und stellte ihn irgendwo ab. Sinatra trank eine

Flasche Jack Daniel's und sagte dann: »Mann, hab' ich Schwung. Ich fühle mich, als wär' ich zwei Meter fünfzig.«

Männer sind Schweine.
Frauen sind keine.

Das ist die Angst des Mannes vor der Wahrheit: Wenn er eines Morgens aus bösen Träumen erwacht, wird er sich in seinem Bett zu einem Schwein verwandelt finden. Er wird sich fragen: Was ist mit mir passiert? Und dann wird er versuchen, sich langsam von der Matratze zu rollen und auf allen vier Füßen gut zu landen. Er wird flehen: »Hilf mir, mein Schatz!« Doch seine Frau wird nichts verstehen als ein aufgeregtes Quieken. Und der Mann, unfähig, sich aufrecht zu stellen, wird noch nicht einmal im Spiegel sein neues Aussehen überprüfen können. Er wird aber spüren, dass ein runder Bauch zwischen seinen Haxen hängt, und ganz hinten ringelt sich ein Schwänzchen. Er wird die Wohnung verlassen und sich auf die Suche nach der nächsten Mülltonne machen oder nach ein paar Quadratmetern Dreck, in denen er sich wälzen kann. Und, wer weiß, womöglich wäre der Mann in diesem Zustand ganz bei sich.

Der Mann, vermutet manche Frau, ist ein Schwein, das sich nur beherrschen kann. Der Mann geht auf zwei Beinen, trägt Unterhosen und unterdrückt den Drang zu grunzen, wenn er sich behaglich fühlt. Aber wenn man ihn mit sich oder seinesgleichen allein lässt, kommt erst das Grunzen wieder – und dann auch alles andere. »Uns ist so kannibalisch wohl als wie fünfhundert Säuen.« So singen im *Faust* die Männer, die vor ihren Frauen ins Wirtshaus geflohen sind. Nach Hause kriechen sie schon auf allen Vieren; und sprechen, wie Menschen, können sie dann auch nicht mehr.

Ist es männlich, sich wie eine Sau zu benehmen? Kann es nicht wenigstens ein Eber sein? Oder sollte der Mann, wenn er sich schon animalisch fühlt, es mal mit ganz anderen Rollenmodellen probieren: stumm sein wie eine Auster oder glücklich wie ein Igel; tief schürfen wie der Maulwurf, den wir immer unterschätzen? »Einst wart ihr Affen, und noch heute ist der Mensch mehr Affe als irgendein Affe.« So schrieb Nietzsche, der nicht an den Menschen glaubte.

Männer sind Männer: Das hoffen sie jedenfalls und überprüfen es, sooft sie nur können. Sind Männer aber Menschen? Unsere Frauen bezweifeln es. Sie gucken sich die Tiere an, und der Unterschied zwischen einem Weibchen und einer Frau offenbart sich sofort. Was unterscheidet aber den Mann von einem Männchen?

Es sind die Sauereien. Das Schwein als solches saut herum: Es kennt kein anderes Leben, und der Sinn seiner Existenz erfüllt sich in einem Schweinebraten. Der Mann will keine Sau sein und träumt doch von der schönsten Schweinerei. Läuft seine Existenz aber auf die eines Würstchens hinaus? Keine Ahnung.

Männer hassen den Weihnachtsmann.
Frauen mögen ihn.

Zu Weihnachten wünscht sich so mancher Mann, dass Weihnachten entfällt. Denn Weihnachten macht Männer melancholisch – sie müssen sich bloß daran erinnern, was hier überhaupt gefeiert wird. Ein Kind liegt in der Krippe, der Mutter geht es gut: Da darf man sich natürlich freuen. Doch der Mann, der dabeisteht, ist nicht der Vater, und alle wissen das. Und dann sind da noch ein Ochse und ein Esel: Die können gar nicht blöder sein, als der Mann sich fühlt, der dieser Szene mitansehen muss. Die Geschichte steht so in der Bibel, weshalb man sie vielleicht einfach auszuhalten hat. Die Bibel mutet ihren Lesern so manche grausame Geschichte zu. Aber nichts steht in der Bibel geschrieben über den ganzen unerträglichen Rest. Nichts über Weihnachtsbäume, die in Brand geraten. Nichts über den Ehekrach, der spätestens am ersten Feiertag beginnt. Und natürlich steht in der Bibel auch kein Wort über einen alten, weißhaarigen, rotnasigen Mann, der mit einem Schlitten durch die Winternächte fliegt und immer wieder, als ob es Bomben wären, bunte Pakete herunterwirft.

Der sogenannte Weihnachtsmann mit seiner Zipfelmütze: Wo kommt der eigentlich her? Was will er von uns? Und warum merkt er nicht, dass Männer ihn nicht ausstehen können?

»Du Weihnachtsmann!«, sagt ein Mann zum anderen, wenn er ihm bedeuten will: Geh doch zurück in den

Wald, aus dem du kommst! Setz dir eine rote Mütze auf und kleb dir einen Bart vors Kinn, damit wir dein Gesicht nicht mehr sehen müssen! »Du Weihnachtsmann!«, das heißt unter Männern: Zum Nordpol mit dir, da kannst du mit deinen Rentieren spielen!

So steht der Mann zum Weihnachtsfest: Die biblische Geschichte erschüttert ihn, wenn er sensibel ist, und weist ihn in seine Schranken. Die heidnische Figur des Weihnachtsmannes ist aber eine Unverschämtheit. Wer soll das eigentlich sein, der Weihnachtsmann: ein früh vergreistes Kind; ein männliches Wesen, das sich für Frauen aber überhaupt nicht interessiert; ein kindischer Alter mit einem Faible für Spielzeug aller Art? Wir sollten aufhören, ihn Weihnachtsmann zu nennen, weil der Mann im Weihnachtsmann für jeden echten Mann eine Beleidigung ist: Weihnachtsding vielleicht, Weihnachts-onkel, Weihnachts-was-auch-immer.

Glauben Frauen an den Weihnachtsmann? Finden Sie irgendetwas an ihm, was Männer nicht verstehen? Mal fragen, möglichst bald, an den Feiertagen; beim Frühstück, das sie immer mit dem Satz eröffnet: »Guten Morgen, du Weihnachtsmann! Ich muss mal wieder mit dir Schlitten fahren.«

Wir sollten uns den Nordpol als einen angenehmen Ort vorstellen.

Ehekrach. Sechste Folge

Wir hingen herum und hörten Musik, und dann meinte Charlotte, es sei jetzt genug; sie wolle nicht immer nur meine Lieblingsplatten hören. Sie ging zum Plattenschrank und holte David Bowie heraus, »Station to Station«, und die Platte, die auf dem Teller lag, meine Lieblingsplatte, »The Look of Love« *von Sergio Mendes and Brasil 66*, lehnte sie einfach an den Plattenstapel, ohne die weiße Hülle, ohne Cover.

Ich sagte: »Das ist meine Lieblingsplatte. Sie gehört in eine Hülle.«

Sie sagte: »Dann steck sie doch rein!«

Ich sagte: »Das werde ich auch tun. Aber was machst du mit meinen Platten, wenn ich gerade nicht da bin? Stellst du sie dann auch einfach so hin?«

»Kommt darauf an. Du kannst dir jedenfalls ganz sicher sein, dass ich nicht tagelang die blöden weißen Hüllen für deine Platten suche. Pass doch selber auf deine Platten auf!«

Ich sagte: »Ich passe auf. Wenn ich mir um fünfzig Mark eine Sergio-Mendes-Platte im Secondhandladen kaufe, dann passe ich sehr gut auf.«

»Fünfzig Mark? Seit wann machst du dir Sorgen wegen fünfzig Mark. Du bist doch eher ein Verschwender.«

»Die Platte ist selten. Sie ist praktisch unauffindbar. Ich habe sie. Und ich will nicht, dass sie verkratzt.«

Charlotte sagte. »Deine Sorgen hätte ich gern. Es stört dich nicht, wenn die Kacheln in der Küche verkratzen. Es ist dir egal, ob deine Zigarettenasche auf mein schönes weißes Tischtuch fällt. Es kümmert dich nicht einmal, ob du deine Lungen schon total verkratzt hast mit den vielen Zigaretten, die du rauchst. Aber bei einer Schallplatte aus zweiter Hand, da wirst du plötzlich zum Neurotiker. Weißt du, wie ich das nenne. Ich nenne es Schikane. Es gibt nichts, was mich so wenig interessiert wie die Kratzer auf deinen Platten.«

Ich nahm die Sergio-Mendes-Platte und schob sie vorsichtig in die Hülle.

Charlotte sagte: »Schön, dass du deine Platten so zärtlich behandelst.«

Ich sagte nichts. Ich kniete mich vor den kleinen Plattenstoß neben der Stereoanlage und schob auch die anderen Platten, die da herumstanden, in ihre Hüllen.

Charlotte guckte zu. »Wenn du und dein Leben, wenn das alles eine Schallplatte wäre, was wäre das für eine Musik?«

Ich sagte: »Dumme Frage. Ich will keine Schallplatte sein. Ich will Platten haben und Platten hören. Kennst du eine Schallplatte, die eine Plattensammlung hat?«

Charlotte guckte weiter zu. »Wenn dein Leben ein Film wäre, dann hätte es aber einen Soundtrack. Eine Erkennungsmelodie, die gleich mal zum Vorspann anklingt. Kannst du das Thema deines Lebensfilms pfeifen?«

»Ich bin erwachsen. Ich verwechsle nicht mein Leben mit einem Film.«

82

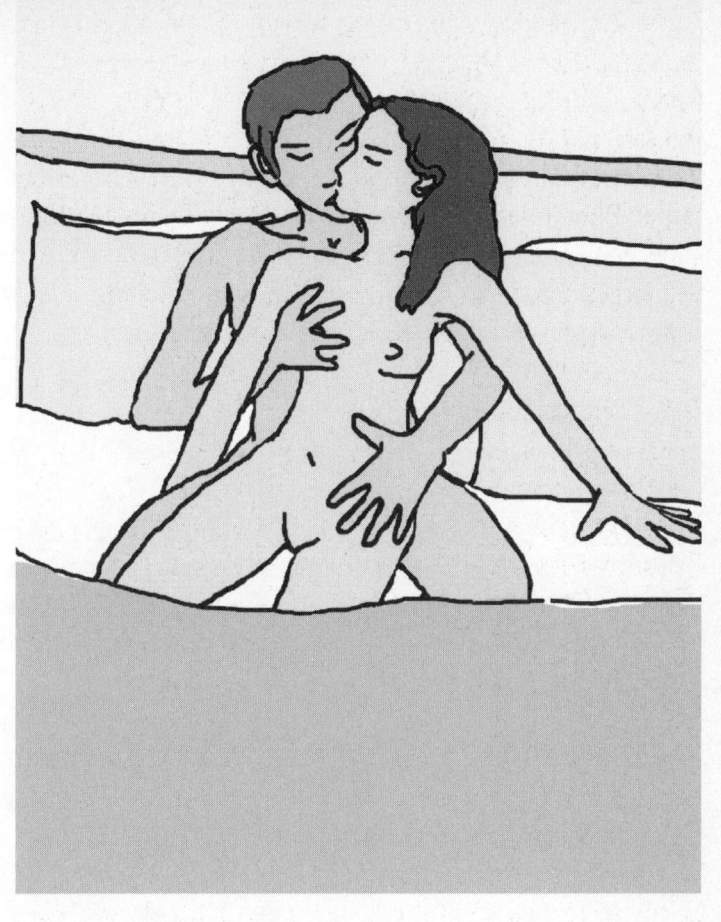

»Du bist feige. Du traust dich bloß nicht zuzugeben, was du dir wirklich wünschst.«

»Was wünsch ich mir denn?«

»Du willst, dass deine Tage mit einem Vorspann anfangen und mit Cast und Credits aufhören. Und dazwischen wünschst du dir Action und Sex.«

»Und was wünschst du dir?«

»Jedenfalls nicht, was du dir wünschst, dass ich es mir wünsche. Du wünschst dir, dass ich in deinem Sex-und-Action-Film die weibliche Rolle spiele. Du fährst 180 auf der Küstenstraße, ich sitze auf dem Beifahrerplatz und kreische. Du machst den Champagner auf, mir rutscht der Spaghettiträger über die Schulter. Du stehst in Boxershorts auf dem Balkon und schaust hinaus aufs Meer, ich liege im Bett und denke: ›Was für ein Mann. Was für eine Nacht.‹ Und dann ziehst du dich an und holst das Auto aus der Garage, weil du es nicht aushältst, wenn du nicht dreimal täglich auf der Küstenstraße 180 fährst.«

Ich sagte: »Netter Film. Der Soundtrack dazu ist auf der Sergio-Mendes-Platte.«

»Das ist ja das Problem.«

»Wieso ist Sergio Mendes das Problem?«

»Nicht Sergio Mendes. Du bist das Problem. Du sorgst dich um die Hüllen. Du solltest dir Sorgen um dein Leben machen. Platten in weiße Papierhüllen stecken. Ist es das, was der Mann aus deinem Film in seiner Freizeit tut?«

»Es war nicht mein Film. Es war deiner.«

»Umso schlimmer für dich. Ich geh jetzt schlafen.«

Männer duschen.
Frauen baden.

Wenn wir den Mann in seine Einzelteile zerlegen, dann merken wir sofort: Der Mann besteht zum größten Teil aus Wasser. Könnten wir ihn trocknen wie Tee oder Kaffee, dann passte selbst ein dicker Mann in ein normales Marmeladenglas. Und genau das ist es, was so manche Frau sich wünscht. Der Instant-Mann: Hol das Pulver aus dem Schrank und gieß es mit lauwarmem Wasser auf! Und dann: Sofort verbrauchen, sonst wird er schlecht, der Mann.

Das ist die Angst des Mannes vor dem Wasser: Seine Substanz, seine Männlichkeit könnte sich darin verdünnen und verflüssigen und sich schließlich restlos darin auflösen – gleich einem Eiswürfel im Drink, einer Aspirintablette im Glas. Deshalb meiden die Männer das Wasser, so wie der Teufel – auch er ein Mann – mit Weihwasser nichts anfangen kann.

Damals, vor gar nicht allzu langer Zeit, als unsere Großväter durch die Savannen rannten, den essbaren Tieren immer hinterher, damals sah noch kein Mann die Notwendigkeit des Waschens ein. Ganz im Gegenteil: Der Geruch von Schweiß schreckte die Mücken ab, die Kruste auf der Haut schützte den Menschen vor dem Sonnenbrand. Und manchmal fiel den Männern der Himmel auf den Kopf: Dann tropfte aus den Wolken das Wasser herab, und während die Frauen sich einen trockenen Unterstand suchten, blieben die Männer im Regen stehen und fürchteten sich nicht. Sie hatten eine Entdeckung gemacht: Wenn man etwas ins Wasser warf, verdarb und verfaulte es und löste sich schließlich auf. Wenn das Wasser aber von oben kam, wuchsen und grünten die Pflanzen. So sollte es auch mit den Männern geschehen: Sie wuchsen zwar nicht, und sie grünten nicht im Regen. Sie wurden aber sauber, ohne sich aufzulösen. Und sie beschlossen, die Dusche zu erfinden.

Woraus besteht die Frau, die sich in eine Badewanne legen kann, stundenlang, und wenn sie herauskommt, ist sie immer noch da? Das ist die Frage, seit es Frauen gibt; und die Antwort heißt: Wir wissen es nicht. Das Wesen der Frau ist noch rätselhafter als die Formel für Coca-Cola. Klar ist nur: Die Frau besteht aus stabilerem Material. Ihre Substanz ist nicht wasserlöslich.

Was können aber die Männer tun, damit sie sich nicht auflösen mit der Zeit? Manche ersetzen das Wasser durch möglichst viel Gin: Das tut ganz gut, erhöht aber andererseits die Brennbarkeit des Mannes. Andere bleiben so cool wie möglich; sie wissen, dass Eis ein wenig fester als Wasser ist. Leider ist es aber auch zerbrechlicher.

Vermutlich hilft gegen die Selbstauflösung des Mannes nur eine gute Mischung aus beidem: ein Drink mit ein paar Eiswürfeln drin, den man leert, bevor das Eis zu schmelzen beginnt. Niemals Wasser jedenfalls, das können wir von Frank Sinatra lernen. Wenn der ungefragt ein Glas Wasser serviert bekam, sagte er zum Kellner nur: »Nehmen Sie das weg. Ich bin durstig, nicht schmutzig.«

Ehekrach. Siebte Folge

Charlotte kam ins Arbeitszimmer und brüllte: »Alles Quatsch! Das ist doch alles kompletter Unsinn!« Sie hatte das Manuskript in der Hand und fuchtelte mit den Seiten vor meinen Kopf herum: »Männer, Frauen, was weißt du schon. Männer wissen nichts über Frauen. Und über Männer wissen sie noch weniger!«

Ich sagte erstmal gar nichts. Ich hatte mit so viel Zorn nicht gerechnet. Ich hatte ihr das Manuskript gegeben und sie gebeten, vielleicht ein paar Fehler zu korrigieren.

»Weißt du, worüber Männer schreiben sollten?«, fragte Charlotte und wartete meine Antwort nicht ab: »Männer sollten über gar nichts schreiben. Außer vielleicht über die zwei, drei Dinge, von denen sie wirklich was verstehen. Gebrauchsanleitungen für Espressomaschinen. Kleine Texte über die Frage, wie man richtig Zwischengas gibt. Besinnungsaufsätze über die Programmierung eines Videorekorders. Und wenn's unbedingt dialektisch sein soll: Gleichstrom oder Wechselstrom. Apple oder Windows. Aber bloß nicht Männer und Frauen. Davon versteht ihr nichts!«

Ich sagte: »Was redest du? Wovon, wenn nicht von Männern, verstehen Männer was?«

Charlotte sagte: »Du glaubst, du verstehst was von Männern, wenn du ein paar Sprüche von Dean Martin auswendig weißt. Hör mir auf mit Dean Martins Sprüchen: ›Ein Mann ist nicht betrunken, solange er auf dem Boden liegen kann, ohne sich dabei festhalten zu müssen.‹ Was für ein Blödsinn. Er hatte meistens Apfelsaft in seinem Whiskyglas.«

»Es kommt auf die Haltung an. Nicht auf die Promille im Blut.«

»Du meinst also, Hauptsache ist, dass man schwankt. Auch ohne Whisky.«

»Ich meine, Hauptsache ist, dass man sich nicht festhalten muss.«

»Wie romantisch. Mein Mann muss sich nicht festhalten. Er schwankt, aber er fällt nicht. Leider schwankt er so sehr, dass ich mich nicht an ihm festhalten kann.«

»Ich glaub', ich hänge meine Tränen zum Trocknen auf.«

»Frank Sinatra: ›Guess I'll Hang My Tears Out To Dry‹. Aber Frank Sinatra wird dir nicht weiterhelfen. Auch Frank Sinatra hatte keine Ahnung, vor allem von Männern nicht.«

»Lass Sinatra da raus. Sinatra ist nichts für dich. Hör dir seine Platten an, aber versuch nicht, ihn zu verstehen. Sinatra verstehen nur Männer.«

»Glauben die Männer. Aber Männer verstehen nicht mal von Männern was.«

»Männer schweigen. Männer essen Fleisch. Männer mögen es lieber kalt als warm. Das sind doch so Sachen, die stimmen.«

»Spielt aber leider keine Rolle. Männer haben von Frauen keine Ahnung. Das liegt daran, dass sie sich nur für sich selber interessieren. Aber Männer haben auch von Männern keine Ahnung: weil Männer eigentlich niemals Männer richtig kennenlernen.«

»Das ist doch kompletter Unsinn«, sagte ich. »Vielleicht hast du recht, und wir verstehen wirklich nichts von Frauen. Aber jeder Mann kennt mindestens einen Mann ganz gut: sich selber. Und jeder Mann hat mit sich selber schon eine Menge Erfahrungen gemacht.«

Charlotte sagte: »Genau. Und dabei bleibt's dann auch. Ein Mann kennt eben nur einen Mann: sich selber. Und selbst den kennt er schlechter, als seine Frau ihn kennt. Eine Frau hat, wenn sie dreißig wird, vielleicht zehn Freunde gehabt, vielleicht auch mehr. Und jeden von denen hat sie ziemlich gut kennengelernt. Sag bloß nicht, dass du jemals einen Mann so gut kennengelernt hast.«

Ich sagte: »Du bringst da etwas durcheinander.«

Charlotte war ganz bei sich: »Ich sehe die Dinge so klar, wie du sie niemals sehen wirst: Männer treffen sich mit Männern, und natürlich reden sie dann irgendeinen Scheiß. Was ist männlich, was ist richtig? Spielt aber leider keine Rolle für ihr Leben. Männer essen Fleisch, Männer trinken Bier. Das interessiert dich doch selber nicht. Darüber redet ihr, weil ihr zwischen dem ersten Whisky und dem zweiten mal Luft holen müsst.«

Ich sagte: »Halt doch mal selber kurz die Luft an! Männer reden miteinander. Besonders dann, wenn keine Frauen dabei sind. Was weißt du schon darüber, wie Männer miteinander reden.«

Charlotte sagte: »Mir kommen gleich die Tränen. Männer sprechen miteinander, wenn keine Frau dabei ist, weil eine Frau das sensible Gleichgewicht stört. Was ist das bloß für eine Lüge. Männer reden miteinander nur Stuss! Männer sagen zueinander: Wir sind Männer, wir trinken Alkohol, und wir essen Fleisch, und die Frauen verstehen uns nicht, und wir verstehen die Frauen nicht, und deshalb bestellen wir uns jetzt noch einen Whisky. Lächerlich, absolut lächerlich!«

»Absolut realistisch!«, sagte ich.

»Absolut realistisch sind Männer nur, wenn sie nachts neben ihren Frauen liegen. Absolut realistisch sehen sie aus, wenn sie eingeschlafen sind und von irgendetwas träumen. Ich weiß nicht, wovon sie träumen. Aber es ist ganz bestimmt kein Schweinebraten. Manchmal schnarchen sie auch, die Männer. Manchmal wachen sie von ihrem eigenen Schnarchen auf. Erzähl mir bloß nicht, dass es anders ist, erzähl mir nicht, dass du von Männern mehr verstehst! Du bist nie im Bett gelegen, und neben dir hat ein Mann geschnarcht. Du hast nie einem Mann beim Schlafen zugeschaut. Erzähl mir nicht, dass du von Männern irgendetwas verstehst.«

Männer können nicht mit Geld umgehen.
Frauen schon.

Bevor das Geld erfunden wurde, war unser Leben glücklicher. Der Mann, wenn er sich einsam fühlte, trieb seine Schafe und Kamele zusammen, und dann zog er los, in die nächste Stadt, und schaute, was er dafür kriegte auf dem Heiratsmarkt. So erfuhr der Mann den Wert seiner Frau: Sie ruinierte ihn. Aber Einsamkeit war schlimmer.
Bevor das Geld erfunden wurde, vermehrten sich die Schafe und Kamele: Das glich, auf Dauer, die Rechnung wieder aus. Angeblich vermehrt sich heute das Geld. Aber wenn man ein paar Münzen alleine lässt und nach neun Wochen nachguckt, was passiert ist: Dann weiß man, dass die Vermehrung der Kamele die weitaus sicherere Sache ist.
Wie kam es aber zur Erfindung des Geldes? Es hat vermutlich damals angefangen, an einem grauen Sonntagmorgen, als der Mann kaum herauskam aus seinem Bett, weil er ein ganzes Schaf versoffen hatte. Gäbe es das Geld, sagte beim Frühstück seine Frau, dann hättest du nur drei Bier getrunken und dir den Rest herausgeben lassen. Das war ein Satz, den der Mann verstand: Sobald es Geld gibt, wird gespart.
Männer sparen nicht; und das Geld in den Taschen der anderen verachten sie zutiefst: Was ist das, was sich in deiner Hose wölbt? Ist das ein Portemonnaie?
Im Prinzip sind Frauen der gleichen Meinung: Sie hassen das Geld in den Taschen der Männer. Ein Mann mit Geld

ist unberechenbar. Er kommt auf komische Gedanken: Wie werde ich mein Geld wieder los und habe möglichst viel Spaß dabei?

Ein Mann ohne Geld ist noch schlimmer: Er denkt die ganze Zeit ans Geld, das er nicht hat und irgendwie beschaffen muss. Er denkt an Bankraub und Steuerhinterziehung und hat den Kopf nicht mehr frei für seine Frau.

Wie ist dann aber der Kapitalismus entstanden, der doch angeblich Erfindung und Werk der Männer ist? Vermutlich hat alles so begonnen, dass der Herr Fugger oder der Herr Medici ein bisschen Geld verdient hatte und gerade losgehen wollte, um ein bisschen zu trinken und zu essen mit seinen Jungs; und danach, wenn noch ein paar Münzen übrig wären, wollte man vielleicht eine kleine Orgie feiern. So wäre es bestimmt gekommen, und niemand hätte Kapital angesammelt – wenn nicht Frau Fugger und Frau Medici das Geld ihrer Männer zusammengehalten hätten: »Vergiss die Orgie, so etwas können wir uns nicht leisten. Hier hast du ein paar Münzen, das reicht für eine halbe Flasche Wein. Und danach kommst du besser nach Hause!«

Genau, so machen wir's; ist ja alles sehr vernünftig. Denn Männer können nicht mit Geld umgehen, wie das Beispiel Frank Sinatras lehrt, der so verschwendungssüchtig war, so hemmungslos mit Geschenken um sich warf, dass davon auch sein Freund Sammy Davis junior angesteckt wurde, den das, weil er nicht ganz so viel verdiente, in ernste Geldschwierigkeiten brachte. Davis fragte seinen Steuerberater, was zu tun sei; und der antwortete: Ausgaben einschränken, ganz konsequent.

Zum Dank für diesen guten Rat schickte Davis ihm am nächsten Tag ein goldenes Zigarettenetui von Cartier.

Ein Mann, sagt Frank Sinatra, ist nur dann ein Mann, wenn er den Ruin nicht fürchtet.